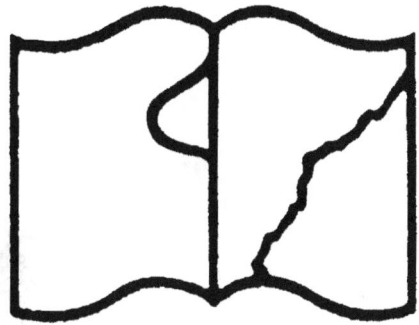

Les 12,188 Kilomètres

de

TÊTE DE·LINOTTE

CHRONIQUES THÉATRALES

avec

croquis de l'auteur dans le texte

PARIS

CHARLES SCHLAEBER, IMPRIMEUR-ÉDITEUR

357, rue Saint-Honoré, 357

MDCCCXXXVIII

TÊTE DE LINOTTE

Cette édition numérotée a été tirée à 310 exemplaires, dont 10 sur papier du Japon.

N° **266**

Les 12,188 Kilomètres

DE

TÊTE DE LINOTTE

CHRONIQUES THÉATRALES

AVEC

CROQUIS DE L. DUVAL-GOZLAN

PARIS

CHARLES SCHLAEBER, IMPRIMEUR-ÉDITEUR

257, rue Saint-Honoré, 257

—

MDCCCLXXXIII

A Mademoiselle LÉONTINE CARON

et ses camarades de la tournée de *Tête de Linotte*.

C'est un bouquet que nous vous offrons.

Nous l'avons cueilli sous vos pas et nous y avons rassemblé les fleurs de toutes les contrées que vous venez de parcourir, depuis la grasse tulipe de Hollande jusqu'au modeste et symbolique myosotis d'Alsace qui dit : « Ne m'oubliez pas! » depuis la fleur du citronnier, poussée au bord de la Corniche, jusqu'aux genêts de Bretagne, venus entre deux rocs, le tout entremêlé de quelques brins de laurier, récoltés çà et là, un peu partout, sur votre passage.

C'est un bouquet que nous vous offrons.

Respirez-le, s'il vous plaît, avec délicatesse, car l'odeur en est capiteuse et pourrait, à vos cerveaux, faire monter un peu d'ivresse... un peu d'orgueil...! Sa place est, aujourd'hui, au fond de votre tiroir. Plus tard, vous l'y retrouverez avec joie. Il vous parlera de vos succès et, pour revivre en un instant votre merveilleux voyage, vous n'aurez qu'à contempler les ravissantes fleurettes que l'ami Duval-Gozlan y a ajoutées et qui ne sont pas, vous en conviendrez, les moins brillantes du bouquet.

C'est un bouquet que nous vous offrons.

VOS AMIS.

À Léontine Caron

« Souvenir de bonne et sincère amitié ».

L. Duez Gozlan

COMPAGNIE PARISIENNE

GODFRIN, *Directeur*   4ᵉ ANNÉE   H. DE LANGLAY, *Admin.*

Bureaux à 7 h. 1/4   Rideau 8 heures

THÉATRE D'ÉVREUX

MARDI 15 MAI 1883

TOUS ABONNEMENTS ET ENTRÉES DE FAVEUR SUSPENDUS

Avec l'autorisation spéciale des Auteurs

REPRÉSENTATION EXTRAORDINAIRE

DONNÉE PAR LES
Artistes du Théâtre du Vaudeville

M. ALBERT CARRÉ
Du Vaudeville

Mlle L. CARON
De l'Odéon (engagée spé-
cialement)

M. GALABERD
Du Vaudeville

M. HOWEY
Du Palais-Royal (engagé spécialement)

Mlle PAURELLE
Du Vaudeville

M. MEILLET
Du Vaudeville

Mlle M. LUTHÈS
Du Vaudeville

Mlle L. SPINOY
Du Vaudeville

Mlle ALBRET
Du Vaudeville

Mlle MEILLET
Du Vaudeville

179ᵉ et dernière représentation de

TÊTE DE LINOTTE

Comédie nouvelle en 3 actes, de MM. Th. Barrière et E. Gondinet

Champaret . MM. A. Carré	Céleste. . . Mlles Caron
Grimvac . . Galaberd	Elmire. . . Paurelle
Rey Gomar. Howey	Olympia. . Luthès
Carpiquet. . Meillet	Cécile . . . Spinoy
Le concierge Rivière	Le Trottin . Meillet
Le cocher. . Mantel	Justine. . . Albret

Au deuxième acte, décor neuf conforme à celui du Vaudeville

On commencera par

LA CRAVATE BLANCHE

Comédie en un acte, de M. E. Gondinet

Octave, M. Meillet. — Florentin, M. Galaberd, — Agathe, Mlle M. Achard

A 9 heures, TÊTE DE LINOTTE

Les rôles d'Olympia, de Cécile et du Trottin ont été tenus au début de
la tournée par Mlles Achard, Laville et Englebert.

ÉCHOS DE PARIS

On nous écrit de Lyon :

« *Tête de Linotte* a été représentée ce soir au théâtre Bellecour avec succès. La charmante pièce de MM. Gondinet et Barrière, fort bien jouée par l'excellente troupe parisienne que dirige M. Godfrin, a produit le meilleur effet.

« Mlle Caron a rempli le rôle de Céleste avec une grâce charmante et une exquise finesse; elle a été très bien secondée par Mme Paurelle et Mme Meillet, qui tient le rôle de « le Trottin » en remplacement de Mme Eng'ebert, indisposée.

« Citons également MM. Carré, Galaberd, Meillet, ainsi que M. Howey, qui a laissé ici d'excellents souvenirs, et que les Lyonnais ont revu ce soir avec plaisir.

« J'apprends que la centième de la tournée entreprise avec *Tête de Linotte* aura lieu jeudi prochain. »

(*Figaro.*)

— Les artistes du Vaudeville, qui promènent en ce moment à travers la France *Tête de Linotte* et son légendaire escalier, viennent de célébrer à Lyon la centième représentation de leur fructueuse tournée. Jeudi soir, après le spectacle, ils se sont réunis chez Casati, rue de la République, où un excellent souper les attendait. Cette petite fête, qui leur était offerte par les organisateurs de la tournée, MM. Raymond Deslandes, Bertrand et Godfrin, avait un caractère tout à fait intime et la table ne portait que quatorze couverts. Il y avait d'abord Godfrin et de Langlay, les deux administrateurs; M. Blanche, le représentant de M. Guimet, propriétaire du Théâtre-Bellecour; le contrôleur en chef dudit théâtre; et les interprètes de la pièce, MM. Albert Carré, Howey, Meillet, Mmes Caron, Paurelle, Achard, Meillet, Laville, etc , sans oublier le fidèle machiniste Émile, préposé à la garde de l'escalier.

On s'est séparé à quatre heures du matin, après avoir toasté en l'honneur des auteurs de la pièce et des directeurs du Vaudeville.

Entre la poire et le café, Albert Carré, qui ne perd jamais la carte, trouva le moyen de faire circuler une soucoupe au profit de l'Association des artistes dramatiques, ce qui lui permit, le lendemain, d'envoyer une petite somme de 22 francs à ses collègues du Comité.

(*Figaro.*)

Le premier mois de la tournée de *Tête de Linotte* a rapporté plus de 40,000 francs, ce qui est considérable en province, attendu que l'on avait gardé les prix ordinaires et qu'il est des salles où, en refusant du monde, on peut atteindre à peine 7 ou 800 francs de recette. Succès continu pour M. Carré, Mlle Caron, MM. Howey et Meillet.

A Rochefort, un incident. On jouait *Tête de Linotte* le soir de l'incendie de l'hôpital militaire. Au beau milieu du premier acte, MM. Albert Carré et Galaberd, qui étaient en scène, virent une loge s'ouvrir brusquement, ainsi que l'entrée des fauteuils de balcon, puis tous les officiers de marine se lever de toutes parts et se précipiter au dehors. Naturellement, les deux artistes s'arrêtèrent; mais un monsieur leur cria :

— Ce n'est rien... le feu est à l'hôpital de la marine... Continuez !

« Ce n'est rien ! » leur sembla léger. Cependant, devant cette injonction, le public s'étant rassis, ils reprirent la pièce, mais non sans distractions.

A chaque personnage nouveau qui entrait, ceux qui étaient retenus en scène demandaient à voix basse : « Est-ce fort?... Sait-on si les malades sont sauvés?... Les pompes arrivent-elles? .. » Bref, les comédiens n'étaient pas du tout, j'en demande pardon au monsieur qui trouvait que *ce n'était rien*, mais pas du tout à leur affaire.

Pendant l'entr'acte, les artistes grimpèrent sur le dessus du théâtre, et, là, ils virent flamber à deux cents mètres ce malheureux hôpital. On vint leur dire que les malades avaient été déménagés et qu'il n'y avait pas d'accidents de personnes. Sur cette bonne nouvelle, ils redescendirent et le spectacle continua.

Aucun uniforme d'officier ne reparut dans la salle. Ces braves jeunes gens, avec leurs tuniques n° 1, leurs broderies de gala, mises pour se montrer au théâtre, étaient tous là-bas à éteindre l'incendie.

(*Figaro.*)

Nous recevons de Lyon la lettre suivante :

« Dimanche soir a eu lieu la représentation, au théâtre Bellecour, de *Tête de Linotte*.

» La pièce a été fort bien jouée par la troupe du Vaudeville, de Paris.

» M. Carré tient fort bien le rôle de Champagnet.

» Mlle Caron (de l'Odéon) est une agréable Tête de Linotte.

» M. Meillet, dont la mère a jadis créé à Lyon *l'Africaine*, a été fort applaudi dans le rôle de Carpiquel. Mme Meillet, sa femme, tient avec entrain le rôle du trottin pris au pied levé.

» MM. Howey et Galaberd, Mmes Paurelle, Achard et Laville, complètent un ensemble que nous ne sommes pas habitués à rencontrer dans les troupes de passage. »

(*XIXe Siècle.*)

— J'ai rencontré aussi, à Nice, quelques artistes de la troupe Godfrin qui promène, avec beaucoup de succès, *Tête de Linotte* en province.

La troupe a naturellement, avec elle, le décor du fameux escalier du second acte. Mais tous les théâtres de province ne sont pas machinés de façon à le recevoir. Alors on a recours à des combinaisons pleines d'imprévu.

Ainsi, à Grasse, on était bien parvenu à figurer, tant bien que mal, l'appartement de garçon où se déroulent une partie des scènes du second acte; mais l'escalier était remplacé par une forêt et, au lieu de monter ou de descendre, les personnages se cachaient derrière les arbres — ce qui faisait presque autant d'effet.

(Figaro)

✻

Tête de Linotte a failli ne pas être jouée en Alsace-Lorraine. Le manuscrit ayant été, par ordre, soumis au gouvernement prussien, celui-ci le retourna au directeur de la tournée, en déclarant qu'il ne pouvait autoriser la représentation d'une pièce aussi *immorale*. Notez que l'on joue à Strasbourg et à Metz *Niniche*, la *Femme à Papa*, le *Lapin*, *Lequel?*... etc., pièces beaucoup plus risquées que *Tête de Linotte*.

Les artistes français ne se tinrent pas pour battus : ils renvoyèrent une seconde fois le manuscrit aux trop vertueux Allemands, en leur faisant demander ce qu'ils voyaient de si répréhensible dans l'ouvrage de feu Barrière et M. Gondinet.

Ce qu'on leur répondit mérite d'être connu.

Vous savez qu'au premier acte, Céleste Champanet raconte que, se trouvant à Etretat, dans les bains mixtes, elle se laissa glisser dans les bras d'un inconnu, le prenant pour son mari.

Eh bien, les Allemands avaient compris que la scène se passait dans un établissement de bains chauds et que Céleste sortait ruisselante de sa baignoire pour se précipiter dans les bras d'un monsieur.

Qu'ils aient trouvé cette version *shoking*, je le comprends, mais aussi pourquoi confient-ils la lecture des manuscrits français à des personnages qui n'y entendent rien?

Il a fallu leur expliquer que l'aventure avait lieu aux bains de mer, que Céleste, à ce moment, avait un costume... Bref, ils ont fini par autoriser la pièce.

Elle a obtenu à Colmar, Strasbourg et Metz, un immense succès. Partout, salle comble. Toute la belle société alsacienne avait loué d'avance toutes les places des trois théâtres, ce qui fait qu'il s'y trouvait relativement peu d'Allemands. A Strasbourg, le public a fait une ovation à Albert Carré, qui est un enfant du pays.

A Metz, petite manifestation. Le spectacle commençait par la *Cravate blanche*, de M. Gondinet. Au moment où le jeune Maillet prononça ces mots :

> Blanc, rouge, bleu... tricolore !...
> Cet habit-là n'est pas commun
> Et je comprends qu'on l'adore...

une salve d'applaudissements souligna la phrase et témoigna de l'amour profond que les Alsaciens-Lorrains conservent au fond de l'âme pour nos trois couleurs.

La tournée va revenir par l'Est à Paris, où elle se reposera pendant la semaine sainte et d'où elle repartira, le 1er avril, pour la Normandie.

(Figaro.)

Petit courrier de Nantes :

« Nous venons d'avoir *Tête de Linotte*, avec une troupe d'excellents éléments.

» Une pièce pareille a besoin d'être « enlevée ». Ses interprètes s'en tirent à merveille. Ils brûlent les planches, jouant lestement, imperturbablement et avec un vrai diable au corps. Pas d'hésitations ni d'erreurs, Cela va vite et rondement même.

» Tout le monde est bon, mais il faut surtout signaler M. Carré, qui joue le rôle de Champanet avec un talent exceptionnel. Une très bonne note aussi à Mlle Caron, qui a réussi à prendre le ton et les allures de Céline Chaumont, et à Mlle Achard. »

(Evénement.)

On nous écrit de Tours :

« Les deux représentations de *Tête de Linotte* ont obtenu un grand succès. — Mlle Caron a joué avec un talent réel le rôle de Mme Champanet ; de son côté, M. A. Carré prête une bonhomie parfaite au rôle créé par Parade ; — il suffisait de ces deux artistes pour décider du succès de la pièce. — Complimentons cependant MM. Howey, Meillet, Galaberd ; Mmes Paurelle, M. Achard, J. Englebert et Laville, sans oublier MM. Godfrin et de Langlay, qui administrent très habilement cette tournée entreprise par la direction du Vaudeville. »

(Moniteur universel.)

TÊTE DE LINOTTE

CHRONIQUES ET DESSINS

VERSAILLES

Samedi 4 novembre 1882.

Pourquoi suis-je allé samedi dernier au théâtre? Depuis ce jour, je n'ai plus l'esprit dans son bon chemin. Je prends la lune pour le soleil, et Rollet... pour un honnête homme! Il me fallait des *Gaz* et j'achète des *Turcs!* Je voulais l'*Univers*, et je rapporte l'*Événement parisien!!* A tout instant, je me trompe de porte, de serrure. J'attends les tramways... et j'embrasse mon portier!! Est-ce là une existence? et voilà pourtant l'influence que peut exercer sur notre raison une pièce comme la *Tête de Linotte*, de MM. Barrière et Gondinet, laquelle vient d'être représentée avec un grand succès sur notre scène.

C'est égal, malgré ce qui m'arrive, je dois convenir que cette *Tête de Linotte* est une comédie bien originale. Je ne vous la raconterai pas. On ne raconte pas une pièce où, dès les premières scènes, les auteurs font marcher de front trois intrigues enchevêtrées.

Je vous dirai seulement qu'on se tient les côtes pendant ses trois actes. Non! vous n'imagineriez pas les distractions de l'imprudente Mme Champanet, — la Linotte — ni les situations, les quiproquos qu'elles font naître! Lorsqu'elle veut réparer une étourderie, cette linotte, c'est par une autre étourderie qui vient corser l'imbroglio, et il arrive un moment où l'affolement, l'ahurissement est tel, qu'on se

demande si pour tous ces gens qui, dans un chassé-croisé vertigi-
neux, paraissent avoir été piqués de la tarentule, on se demande si
pour eux les portes de Charenton ne vont pas s'ouvrir!

Très amusante, Mlle Caron. Quelle naïveté charmante et quelle
verve endiablée elle montre dans le personnage de cette Linotte qui
court, pendant trois actes, après une correspondance qu'elle s'épou-
vante à l'idée de voir tomber entre les mains de son mari, et que
finalement elle retrouve — voilà bien de ses coups! — dans un pli de
son corsage!

Le petit Trianon

M. Carré est un Champanet doctoral, sentencieux, tout à fait
étudié. Il faut l'entendre parler de sa « méthode ordinaire, de ses
déductions », pour arriver — l'excellent mari — à ne jamais rien
savoir!

J'ai vu la pièce à Paris, et, par comparaison, je trouve que
M. Howey charge un peu trop son Portugais, au teint cuivré, à l'œil
blanc, et terrible dans sa flamme! Toutefois, il a eu des attitudes
applaudies.

Très bien, M. Galaberd dans Grimoine, ce bon docteur joufflu, aux
mèches rares, un peu libertin, et qui laisse à ses malades le soin de
faire eux-mêmes leurs ordonnances, — pour n'avoir pas la respon-
sabilité de leur mort!

Compliments encore, pour leur bon concours, à M. Meillet, l'amoureux platonique, à Mlle Paurelle, et enfin à Mlle Achard-Olympia. Ah dame! une belle fille! et on comprend le trouble qu'elle apporte dans la maison.

(Libéral de Seine-et-Oise.)

CHARTRES

Dimanche 5 novembre 1882.

La jolie Tête de Linotte, dont les incessantes étourderies constituent les amusantes péripéties de la pièce, était représentée par Mlle Caron, séduisante et fine comédienne, qui a rendu avec beaucoup de verve et de naturel la physionomie de cette jeune écervelée, et qui, souvent applaudie, a été rappelée après chaque acte. — M. Carré a joué en comédien de talent le rôle de Champanet; celui de Grimoine a fait retrouver à M. Galaberd ses succés des *Faux Bonshommes* et de *La joie fait peur*. M. Meillet dans le rôle de Carpiquel, l'amoureux bébête, M. Howey, dans celui du brûlant Portugais, ont également réussi. Le rôle court et scabreux de la belle Olympia était joué très convenablement par Mlle Achard, dont le jeu correct, la voix bien timbrée, la figure sympathique, avaient été fort remarqués dans la *Cravate blanche*, jouée en lever de rideau.

(Journal de Chartres.)

ALENÇON

Lundi 6 novembre 1882.

Lundi dernier une troupe parisienne a très bien joué sur notre scène *Tête de Linotte*, la pièce si gaie et si spirituelle de Théodore Barrière, et qui obtient au Vaudeville un si légitime succés.

(Avenir de l'Orne.)

LE MANS

Mardi 7 novembre 1882.

Nous n'avons pas pu, hier, faute de place, faire un compte rendu de la représentation donnée mardi par les artistes du Vaudeville.

Le Vrai Malin

L'interprétation a été supérieure; impossible de citer quelques noms, il faudrait les nommer tous; par galanterie, nous complimenterons spécialement deux dames, Mmes Caron et Achard : la première, adorable de naïveté et de mutinerie; la seconde, superbe comme formes, comme toilette et comme actrice.

(*L'Avenir.*)

RENNES

Mercredi 8 novembre 1882.

Hier soir, au théâtre de Rennes, les artistes du Vaudeville ont obtenu un succès complet dans *Tête de Linotte*, cette comédie bourrée

Le Cétrire

de situations, de péripéties plus comiques les unes que les autres. Le second acte — l'acte de ce fameux escalier qui est une véritable trouvaille — a surtout porté l'hilarité à son comble: tous ces personnages qui se retrouvent, se croisent, se recherchent, s'évitent, donnent lieu aux scènes les plus gaies et les plus inattendues.

Cette pièce est bien interprétée et rapidement menée par les artistes que nous avons applaudis hier soir; mais les honneurs de la soirée reviennent en grande partie à M. Albert Carré, qui a été excellent dans le rôle de Champanet. Très bonne également, Mlle L. Caron, dans Céleste, la femme de Champanet. N'oublions pas non plus M. Galaberd, chargé du rôle de Grimoine.

(*Journal d'Ille-et-Vilaine.*)

LAVAL

Jeudi 9 novembre 1882.

Hier soir, salle comble, succès complet. *Tête de Linotte* est bien la comédie désopilante prônée par toute la presse. Les interprètes ont été à la hauteur de leur rôle.

Nous mentionnerons spécialement M. Albert Carré, très réussi

La Porte de Laval

dans le rôle de Champanet ; M. Galaberd, excellent dans celui de Grimoine, et Mlle L. Caron qui ne pouvait mieux interpréter Céleste, la Tête de Linotte.

(Echo de la Mayenne.)

SAINT-MALO

Vendredi 10 novembre 1882.

DINAN

Samedi 11 novembre 1882

BREST

Les 13 et 15 novembre 1882.

J'ai dit que l'interprétation était bonne : je signalerai tout d'abord M. Carré, superbe de flegme bourgeois dans le rôle principal de Champanet, et Mlle Caron, la vraie Tête de Linotte rêvée par l'auteur ;

La Rade

MM. Meillet, Galaberd et Howey, Mmes Achard et Paurelle, pour ne citer que les rôles les plus importants, contribuent également au succès dans une bonne mesure, et l'on peut prédire à la seconde représentation qui a lieu ce soir un accueil aussi favorable qu'à la première.

L'Océan.

Il serait superflu, semble-t-il, de revenir sur les deux excellentes représentations de *Tête de Linotte*, que vient de nous offrir la troupe de M. Godfrin autrement que pour en constater l'immense succès, et

Un dolmen aux environs de Saint-Malo

pour féliciter les interprètes. Deux d'entre eux se détachent de l'ensemble par la supériorité marquée de leur jeu : ce sont M. Carré et Mlle Caron, qui tiennent le rôle des époux Champanet. M. Galaberd mérite aussi une mention spéciale.

(*Le Petit Brestois.*)

MORLAIX

Mardi 14 novembre 1893

QUIMPER

Jeudi 16 novembre 1883

Une rue de Quimper en face de la cathédrale

NANTES

Les 17, 20 et 21 novembre 1882.

Vendredi soir, le Grand-Théâtre était trop étroit pour contenir tous les gens désireux d'entendre *Tête de Linotte*, la comédie de Barrière, récemment exhumée et mise au point par Gondinet.

Ce qu'il faut surtout voir, le véritable clou de la pièce, c'est l'escalier du second acte. Il y a là un palier et une chambrette d'étudiant

Le Château de Nantes

où tous les personnages se croisent, s'entre-croisent, se perdent et se retrouvent avec des ahurissements et des complications inouïes.

Une pièce pareille a besoin d'être « enlevée ». Ses interprètes s'en tirent à merveille. Ils brûlent les planches, jouant lestement, imperturbablement et avec un vrai diable au corps. Pas d'hésitations ni d'erreurs. Cela va vite et rondement même.

Tout le monde est bon; mais il faut, sur out, signaler M. Carré, qui joue le rôle de Champanet avec un talent exceptionnel. Une très bonne note aussi à Mlle Caron, qui a réussi à prendre le ton et les allures de Céline Chaumont.

(*Phare de la Loire.*)

LORIENT

Samedi 18 novembre 1882.

Je me borne à constater l'immense succès obtenu, sur notre scène, par *Tête de Linotte*, dont l'interprétation hors ligne est un

Un cuirassé dans le port de Lorient

attrait de plus, naturellement. La compagnie qu'administre M. Langlet est excellente de tous points, et certains rôles sont certainement tenus avec une autorité qui n'est pas dépassée au Vaudeville, où j'ai vu jouer la pièce lors des premières représentations.

Ainsi, Mlle L. Caron, la gracieuse Linotte, nuance ce rôle très lourd dans lequel elle a à exprimer tour à tour la terreur la plus folle et la gaieté la plus réjouissante, avec beaucoup d'art. Son rire est très agréable, ses ébahissements, lorsqu'elle s'aperçoit des impairs qu'elle ne cesse de commettre, sont charmants. Sa voix claire a des intonations d'un amusant effet. En un mot, Mlle Caron joue *Tête de Linotte* en comédienne de talent qu'elle est.

Et le public l'a bien jugé ainsi, car il a chaleureusement applaudi, rappelé et re-rappelé l'excellente artiste qui aura emporté, j'en suis certain, un bon souvenir des Lorientais, souvenir qu'elle conservera au milieu des succès qui vont la suivre pendant tout le cours de sa tournée.

J'ajouterai que Mlle L. Caron a des toilettes — ou plutôt une toilette — le chapeau et le manteau du premier acte compris, d'un goût exquis. Le chapeau est d'une originalité qui aura sans doute frappé plus d'une de mes aimables lectrices... et si je ne craignais que mon incompétence ne trouvât pas grâce devant elles, je le décrirais bien, et la toilette complète aussi, mais... je crains.

M. Carré m'a causé le plus grand plaisir dans le rôle de Champanet. Impossible d'être plus naturel, plus bonhomme, plus excellente ganache. Il a justement partagé avec Mlle Caron les honneurs de la soirée. M. Carré est également un artiste comme nous en voyons peu dans les troupes de passage.

Enfin, M. Howey est un Grand de Portugal bien drôle; M. Galaberd (Grimoine), un céladon fort plaisant; M. Meillet (Carpiquel) un amant platonique très réussi; Mlle Laville une ingénue très gentille; Mlle Achard (Olympia) une ex-modiste très délurée.

Je ne regrette qu'une chose, c'est que les rigoureuses obligations d'un itinéraire tracé à l'avance n'aient pas permis à cette troupe remarquable de nous donner une deuxième représentation de *Tête de Linotte.*

(*Le Morbihannais.*)

VANNES

Dimanche 19 novembre.

Tête de Linotte qui, depuis l'ouverture de la saison théâtrale, obtient un succès de fou rire près des spectateurs du Vaudeville et plonge dans le ravissement le caissier du théâtre, n'a pas eu en province un accueil moins favorable, et malgré la température sibérienne qui n'a cessé de

Les quais de Vannes

régner (on devrait dire : présider) de huit heures à minuit dans la petite glacière servant de théâtre à Vannes, les applaudissements, les bravos et les rappels n'ont fait défaut ni à l'œuvre, ni aux acteurs.

Disons de suite que la pièce et l'interprétation justifiaient cet empressement : nous avons rarement vu, parmi les pièces à tiroirs si bruyamment applaudies depuis quelques années, des situations plus amusantes et un imbroglio plus irrésistiblement comique. Un écheveau de laine roulé par une demi-douzaine de chats n'est pas plus difficile à débrouiller que cette multiple intrigue à huit personnages : et c'était le cas ou jamais de suivre en regardant les gais tableaux qui se déroulaient sur la scène, les préceptes de M. Champanet, philosophe et professeur de pisciculture d'eau douce, et de s'attacher « à coordonner les faits, pour arriver de déduction en déduction à la découverte de la vérité. »

(Le Petit Breton.)

SAUMUR

Mercredi 22 novembre.

Tous les artistes ont fait assaut de verve et de brio, mais le public a surtout vivement apprécié le talent de M. Albert Carré, un comédien d'élite. Mlle Caron est une très piquante Céleste.

(Écho Saumurois.)

La tournée de *Tête de Linotte*, entreprise par les artistes du Vaudeville, s'annonce sous les plus heureux auspices.

Avant-hier à Chartres, samedi à Versailles et lundi à Alençon, on a refusé le monde et fait le maximum de la recette. L'effet de la pièce est aussi fort qu'à Paris.

A Chartres, le public n'a pas entendu un seul mot de toute la fin du deuxième acte, tant il riait.

Succès pour M. Carré dans le rôle de Champanet, pour Mlle Caron dans celui de Céleste et pour Galaberd dans le personnage de Grimoine. M. Howey, un Portugais très cocasse, et Mlles Paurelle et Achard complètent un ensemble auquel la province n'est pas habituée.

La pièce était absolument montée comme au Vaudeville et l'interprétation ne laissait rien à désirer. Aussi les applaudissements n'ont-ils pas manqué aux artistes parisiens.

(Le Courrier de Saumur.)

CHINON

Jeudi 23 novembre 1882.

ORLÉANS

Vendredi 24 novembre 1882.

La *Tête de Linotte*, dont les incessantes étourderies constituent les amusantes péripéties de la pièce, était représentée par Mlle Caron, fine comédienne, qui a rendu avec beaucoup de verve et de naturel la

L'Hôtel de Ville

physionomie de cette jeune écervelée. M. Carré a joué, en artiste de talent, le rôle de Champanet. Grimoine a fait retrouver à M. Galaberd le succès qu'il avait précédemment obtenu ici; M. Meillet, dans le personnage de Carpiquel, l'amoureux bébête, M. Howey, dans celui du brûlant Portugais, ont également été applaudis. Le rôle court et scabreux de la belle Olympia a été interprété très convenablement par Mlle Achard, dont le jeu correct et sympathique avait été fort remarqué dans la *Cravate blanche* qui servait de lever de ridau.

(Le Loiret.)

TOURS

Les 25 et 27 novembre 1882.

Il faut croire que la seule annonce de *Tête de Linotte* avait fait tourner toutes les têtes, car le théâtre était comble samedi à ne plus

Une vieille rue de Tours

pouvoir trouver, à partir de deux heures, le moindre strapontin disponible au bureau de location.

Tant d'empressement méritait une récompense qui ne s'est pas fait désirer. L'amusante comédie de Théodore Barrière, retouchée par M. Edmond Gondinet, laisse bien loin derrière elle les autres œuvres de ce genre, et ce n'a été, de la première scène à la dernière, qu'un long et inextinguible éclat de rire.

Cette gaieté, cette verve de bon aloi s'est communiquée d'autant plus franchement au public, qu'elle ne résulte pas, comme d'ordinaire, de tics plus ou moins grotesques d'acteurs dont le seul mérite réside dans le comique de l'intonation ou de la grimace. Là, ce sont les situations seules qui font naître la bonne humeur, situations dues à la pauvre Mme Champanet, une étourdie de la plus belle volée, qui rendrait des points à toutes les linottes de la création.

L'interprétation a été des pl... satisfaisantes. M. Carré, du Vaudeville, a joué le rôle du professeur de pisciculture d'eau douce, le bon Champanet, avec un naturel et une bonhomie parfaits. C'est bien là le mari ganache lancé, sans y rien comprendre, dans une trame invraisemblable d'aventures où se perd sa méthode scientifique de *déductions en déductions*.

Sa partenaire, Mlle Caron, lui a, sous les traits de Céleste, lestement... et célestement donné la réplique. Cette artiste a une mobilité de physionomie précieuse pour un pareil rôle et dont elle sait tirer un excellent parti, sans jamais tomber dans la charge. Le public lui a fait bon accueil, et c'était justice.

Les autres rôles, quoique moins importants, sont bien tenus, beaucoup mieux qu'il n'arrive à certaines troupes de passage.

(*Union libérale.*)

BLOIS

Dimanche 26 novembre 1882.

La représentation de dimanche a été extrêmement brillante. La salle était comble et l'inénarrable imbroglio qui s'appelle *Tête de Linotte* s'est joué au milieu d'un éclat de rire qui a commencé à huit heures et demie pour finir à minuit et quart. Il est vrai de dire que l'interprétation était excellente, aussi le public n'a-t-il ménagé ni les applaudissements ni les rappels. Mlle Caron, MM. Carré, Galaberd et Howey ont été particulièrement comblés.

Par exemple, sur la foi du régisseur de la troupe, le *Journal du Loir-et-Cher* a dit que la mère pouvait conduire sa fille à *Tête de Linotte*; on ne nous y prendra plus.

(*Journal du Loir-et-Cher.*)

Il y a longtemps que nous n'avions pas vu une aussi belle chambrée au théâtre de Blois. *Tête de Linotte* avait amené le ban et l'arrière-ban de la société blaisoise; toutes les places étaient prises.

Ceux qui étaient venus là avec l'idée de passer une agréable soirée n'ont pas été déçus.

(*L'Indépendant.*)

2

POITIERS

Mardi 28 novembre 1882.

✦

NIORT

Mercredi 29 novembre 1882.

Dimanche 3 décembre, deuxième et dernière représentation de

Église Saint-André

Tête de Linotte, comédie en trois actes qui a été jouée mercredi dernier avec succès par les artistes du Vaudeville, sous la direction de M. de Langlay.

(Mémorial des Deux-Sèvres.)

LA ROCHE-SUR-YON

Jeudi 30 novembre 1882.

Le rôle principal est tenu par Mlle Caron : tête de linotte, ébouriffée, aux cheveux blonds, aux yeux clairs qui interrogent et qui n'attendent aucune réponse. Sur les bévues que sa grande étourderie lui fait commettre, roulent toutes les complications de la pièce pendant laquelle on est à la poursuite d'un paquet de lettres égaré qu'elle

La place Napoléon

cherche partout, excepté où elle le retrouve, à la fin de la pièce, soigneusement caché dans son corsage.

Son jeu est très souple et très spirituel ; compliments sincères à cette artiste et à M. Carré qui tient, lui aussi, un rôle important, celui de Champanet. Impossible d'avoir un air plus bonasse. Quel naturel ! et comme cet acteur est à son aise sur la scène.

Des éloges reviennent aussi à Mlle Achard, très gentille et très sémillante dans le rôle d'Olympia.

(Libéral de la Vendée.)

LA ROCHELLE

Vendredi 1 décembre 1882.

La représentation de *Tête de Linotte* a eu le plus grand succès, vendredi dernier. Cela se conçoit si l'on songe que c'est une des plus

Le Port

amusantes comédies de notre époque. Les situations drôles, les mots charmants, les imbroglios abondent dans cette aimable et tourbillonnante « folie », comme l'appelle Auguste Vitu.

Mlle Caron a rendu avec beaucoup de naturel la physionomie de Céleste. M. Carré a joué avec talent le rôle de Champanet. Il a été bien secondé par Mmes Achard et Paureile, et MM. Galaberd, Howey et Meillet.

(*L'Echo rochellais.*)

Tête de Linotte, jouée hier au soir par la troupe de M. Godfrin, a obtenu, devant une salle comble, un succès énorme de bonne et franche gaîté.

La pièce est bien montée: M. A. Carré dans le rôle de Champanet et M. Galaberd dans le rôle de Grimoine sont très amusants, par leur jeu, fini, délicat et naturel. Mlle Caron est une tête de linotte, fort gentille, tellement folle, que ne s'apercevant pas que la boîte du souffleur était mal fermée, elle a fait une chute... sans gravité fort heureusement !

Nos compliments à Mlle Achard qui, dans le rôle d'Agathe de la *Gravate blanche*, comme dans celui d'Olympia, nous a montré une fort jolie et spirituelle actrice, aux yeux superbes, à la mine accorte et séduisante.

Dans ces conditions, les succès de la troupe de M. Godfrin ne nous étonnent pas et la représentation d'hier au soir pourra être notée parmi une des plus agréables soirées de la saison.

(*La Charente-Inférieure.*)

ROCHEFORT

Samedi 2 décembre 1882.

Mlle Caron a rendu avec autant de verve que de naturel la physionomie de cette écervelée de Céleste. M. Carré a joué en comédien de talent le rôle de Champanet, heureusement secondé d'ailleurs par Mmes Achard et Paurelle et MM. Galaberd, Howey et Meillet.

(*Les Tablettes des Deux-Charentes.*)

ANGOULÊME

Lundi 4 décembre 1882.

La troupe de la compagnie parisienne est excellente. Il y a du bien à dire de tous les artistes. Nous ne citerons qu'un nom, parce qu'il

La Terrasse

est bien connu des Angoumoisins qui, pendant la saison balnéaire, fréquentent le Casino de Royan: M. Howey, du Palais-Royal, était chargé d'un rôle difficile; il s'en est acquitté à son grand honneur, et les chaleureux applaudissements qui lui ont été particulièrement décernés étaient justement mérités.

(*La Charente.*)

PÉRIGUEUX

Mardi 5 décembre 1882

C'est devant une salle comble qu'a été jouée mardi dernier *Tête de Linotte*, comédie en trois actes de MM. Barrière et Gondinet. On riait en sortant du théâtre; et nous-même, pourquoi ne l'avouerions-nous pas, nous rions encore de souvenir en écrivant ces lignes. Hâ-

Les bords de l'Isle

tons-nous de dire, que si la pièce est divertissante, l'interprétation en est supérieure.

Le public périgourdin, par ses nombreux bravos et ses rappels, n'a fait que rendre justice au talent des artistes dont se compose la troupe de la compagnie parisienne.

Nous ajouterons qu'il nous semble difficile de paraître davantage bonasse et flegmatique que M. Carré (Champanet); plus nature, et plus tête de linotte que Mlle Caron (Céleste.)

(Le Périgord.)

BORDEAUX

Du 7 au 15 décembre 1882.

Tête de Linotte a été interprétée par des artistes de passage, qui, en général, se sont assez bien acquittés de leurs emplois.

Au premier rang, il faut citer M. Carré, dont le nom ne nous est pas inconnu ; c'est un artiste remarquable et un auteur très goûté ; il a écrit plusieurs comédies, entre autres la *Bosse du vol*, qui fut jouée longtemps à l'Athénée. Il a composé à ravir le rôle de Champanet, et a obtenu un grand succès.

Mlle Caron joue avec beaucoup d'entrain et de verve le rôle de la Tête de Linotte. Mlle Achard est très agréable dans le rôle d'Olympia. M. Howey, dans le rôle du Portugais, est d'un comique bien laborieux. MM. Galaberd et Meillet sont fort convenables. Mmes Paurelle, Laville et Englebert ne se font guère remarquer.

(Journal de Bordeaux.)

Tête de Linotte vient d'obtenir un succès au Théâtre-Français ; nous pouvons ajouter que les artistes ont contribué dans une large part à la réussite de la pièce : Mlle Caron joue avec une vivacité et un entrain dignes de tous éloges le rôle si amusant de Céleste ; M. Carré est désopilant sous les traits du professeur de pisciculture ; son ton doctoral et sa manière de déclamer, en forme de discours, les phrases les plus banales, excitent sans cesse le fou rire, et il suffit que cet artiste se prépare à parler pour que l'hilarité devienne générale MM. Galaberd et Howey (une ancienne connaissance des habitués du Théâtre-Français) tiennent avec distinction deux rôles qui ont une place importante dans la pièce nouvelle. Les rôles secondaires sont très convenablement interprétés par M. Meillet, Mmes Paurelle, Achard et Laville.

(La Guyenne.)

Mlle Caron joue le rôle de Mme Champanet, la Tête de Linotte, avec beaucoup de verve et d'entrain; M. Carré est excellent dans le rôle de Champanet; M. Howey est un Portugais des plus réjouissants.

Le reste de la trou... d'une correction désespérante. Quand donc verrons-nous les ... notre troupe jouer les pièces nouvelles?

(Nouvelliste de Bordeaux.)

La troupe parisienne qui promène dans les départements le dernier succès du Vaudeville, et qui doit séjourner à Bordeaux pendant une dizaine de jours, se compose, comme la plupart des troupes en tournée,

Ruines romaines

d'artistes secondaires qui enlèvent les effets par la sûreté de l'habitude et de l'ensemble. M. Carré, chargé du rôle de Champanet, a en plus des qualités très réelles. Il joue avec rondeur et avec finesse son personnage de mari confiant et d'ami intrépide qui se dévoue jusqu'à donner des rendez-vous à une cocotte.

Mlle Caron, dont l'entrain ne saurait être contesté, s'est attachée d'une façon visible à s'inspirer de Mme Céline Chaumont. Dans son ardeur à brûler les planches, elle oublie parfois que Céleste est une femme à qui son éducation doit interdire certains gestes. Mlle Achard a eu un succès de très belle personne jouant avec intelligence.

(La Victoire de la démocratie.)

MONT-DE-M'ARSAN

Samedi 16 décembre 1882.

L'interprétation de *Tête de Linotte* a été excellente d'un bout à l'autre, et il n'y a que des éloges à distribuer.

M. A. Carré (Champanet) a le jeu très franc, très correct, plein de verdeur et de bonhomie.

Vue à vol d'oiseau

Mlle L. Caron (Céleste) a rendu avec bonheur le personnage de Céleste; cette artiste a toutes les qualités des artistes parisiennes, et à certain moment elle a brûlé les planches — comme diction et geste, elle appartient à l'école de Céline Chaumont: ce qui n'est pas déjà si mal que ça.

M. Galaberd a fixé d'une façon très originale la figure du docteur Grimoine, matérialiste et voltairien, — et M. Howey a été suffisant (à notre avis, faible dans le rôle épisodique du Portugais Ruy Gomar.

Enfin tous, tous se se sont fait applaudir.

(Républicain Landais.)

DAX

Dimanche 17 décembre.

PAU

18 et 21 décembre 1882.

L'éclat de rire, commencé à 9 heures, ne s'arrête qu'au coup de minuit.

Nous citerons en passant, parmi les meilleurs interprètes:

Mlle Caron (Céleste) que les autres appellent tête de linotte et qui, n'ayant rien de commun avec le décapité parlant, joue avec un brio et un naturel étourdissants le rôle d'une femme absolument sans tête;

M. Carré (Champanet) le bonhomme le plus réussi qui se puisse rencontrer;

M. Howey (Ruy Gomar), un Portugais aux passions farouches et foudroyantes, dont la figure, le jeu, les tics et les attitudes contribuent pour une large part au succès de l'ouvrage.

Ce soir, la pièce fera encore le maximum, car presque tous ceux qui l'ont vue veulent y revenir, et les refusés de la première complèteront la chambrée.

(Mémorial des Pyrénées.)

Chambrée complète hier au soir au théâtre, pour la représentation de *Tête de Linotte*. La pièce a eu un succès de fou rire, et ce succès était bien mérité. La pièce est très amusante et très gaie d'un bout à l'autre. L'intérêt et le mouvement y vont crescendo jusqu'à la fin du second acte qui se passe sur le palier d'un escalier. Cet acte est désopilant. Le troisième amortit un peu la répétition de l'action pour arriver au dénouement; il n'en est pas moins très amusant et très mouvementé.

L'interprétation est excellente. M. Carré, qui joue le principal rôle,

Château de Pau

est un artiste plein de naturel et de finesse qui a su graduer ses effets avec beaucoup d'art.

En présence du succès obtenu, la troupe de M. Godfrin donnera jeudi une seconde représentation de *Tête de Linotte*.

(Indépendant des Basses-Pyrénées.)

TARBES

Mercredi 19 décembre.

AUCH

Jeudi 20 décembre.

AGEN

Vendredi 22 décembre 1882.

Une troupe parisienne, composée en majeure partie d'artistes du Vaudeville, donnait *Tête de Linotte*, l'étourdissant succès parisien.

Maison de Jasmin

Succès de représentations, succès d'argent, bien entendu, car l'œuvre ne saurait avoir d'autre prétention que de distraire et d'amuser quelques instants.

L'interprétation, qui ne souffrait pas, du reste, la médiocrité, a été parfaite. On a beaucoup remarqué, au second acte, l'agencement ingénieux de la scène. Nous devons ajouter que la troupe parisienne voyage avec ce décor.

(*Le Journal de Lot-et-Garonne.*)

CAHORS

Samedi 23 décembre.

MOISSAC

Dimanche 24 décembre 1882.

Tête de Linotte, cette folie inconcevable, a fort égayé notre public. L'interprétation de la pièce a été excellente et nous avons passé une

Le cloître de Moissac

aimable soirée — ce qui n'est pas à dédaigner par le temps qu'il fait — grâces en soient rendues à Mlle Caron, à M. Carré; bref à la remarquable troupe que dirige M. Godfrin. A Castelsarrasin, *Tête de Linotte* a fait salle comble. Applaudissements sur toute la ligne, cela va sans dire.

(*L'Avenir.*)

CASTELSARRASIN

Lundi 25 décembre 1882.

Salle comble au théâtre, lundi dernier. — Une troupe de passage interprétait d'une façon remarquable une des plus jolies pièces du Vaudeville.

Au deuxième acte surtout où les aventures les plus comiques se passent dans un temps et un espace très restreints, les saillies pleines de verve qui émaillent la pièce et provoquent à chaque instant le rire du public, ont fait à ce moment arriver cette hilarité au paroxysme. C'est au milieu d'une gaieté folle que le rideau s'est baissé.

Nous ne pouvons terminer qu'en regrettant de ne pas entendre plus souvent d'aussi bons artistes interprétant des comédies aussi finement spirituelles. Ah! le rire est une bonne chose, et dans une petite ville où les distractions n'abondent pas, le théâtre est vraiment une nécessité. C'est par lui qu'on peut instruire la foule et mettre à sa portée, sans qu'elle s'en doute, les choses de l'esprit.

(Le Messager.)

TOULOUSE

27, 28 et 29 décembre.

Nous ne dirons que deux mots de la comédie de MM. Barrière et Gondinet, *Tête de Linotte*.

C'est une de ces fantaisies aussi désordonnées qu'amusantes, qui supportent difficilement l'analyse.

MM. Meillet, Galaberd et Carré s'y sont montrés parfaits de verve, de passion comique et d'ahurissement; M. Carré, surtout, joue avec un naturel que doivent bien lui envier la plupart de nos comédiens ordinaires.

Mlle Caron, l'étoile de la troupe, fait de Mme Champanet une charmante tête creuse.

(Le Progrès libéral.)

Le public paraît avoir rendu sa confiance aux tournées artistiques
que quelques directeurs aventuriers avaient plus que déconsidérées.

Nous remercions donc M. Godfrin de nous avoir fait voir *Tête de
Linotte*, jouée par de bons artistes irréprochables en tout point et que
l'on aime à revoir.

L'Éclat de rire.

Voici longs jours que le théâtre ne nous avait donné une pièce aussi
positivement amusante que *Tête de Linotte*. Le second acte de la
comédie de Théodore Barrière, mise au point par M. Gondinet, est,
à lui seul, un petit chef-d'œuvre d'esprit et d'ingéniosité scénique.

Toulouse

La troupe parisienne qui nous a joué *Tête de Linotte* est généralement bien composée. On doit mettre hors de pair M. Albert Carré,
un comédien de talent. Mlle Caron, qui ne manque certes ni de verve
ni d'entrain, a peut-être le tort de vouloir imiter trop servilement
Mlle Legault, la créatrice du rôle. M. Galaberd fait du rôle de Grimoine un bourgeois vicieux très réjouissant. Un personnage de Portugais élégiaque est tenu, non sans drôlerie, par M. Howey, qui n'a
cependant pas le physique du rôle. Mlle Achard prête sa grâce au
rôle d'Olympia ; ceux de Carpiquel, d'Elmire et de Cécile sont fort
convenablement tenus par M. Meillet, Mlles Paurelle et Laville.

En somme, une pièce ravissante, jouée par de bons comédiens.

La Dépêche.

NARBONNE

Lundi 1er janvier 1883.

Tête de Linotte a fait salle comble, lundi dernier. Depuis longtemps je n'avais vu une aussi belle réunion et d'aussi brillantes toilettes. Et comme on s'est amusé! comme on a ri!

Inutile de dire que l'interprétation de la pièce a été, de tous points, excellente et que les artistes ont été chaleureusement applaudis.

(*Le Courrier de Narbonne.*)

BÉZIERS

Mardi 2 janvier 1883.

Tête de Linotte a obtenu, sur notre scène, un immense succès de fou rire.

Faire le compte rendu de cette hilarante pièce à tiroir, est complètement impossible, par suite d'un enchevêtrement de situations plus abracadabrantes les unes que les autres.

Le second acte est surtout superbe. La scène se passe sur le palier d'un escalier, où se rencontrent tous nos personnages. C'est alors un quiproquo à n'en plus finir, des scènes inénarrables, et qui ont été lestement et joyeusement enlevées par tous les artistes de la troupe.

3

En somme, excellente soirée dont tous les nombreux spectateurs conserveront un gai souvenir.

(*L'Union républicaine.*)

Mardi dernier, la Compagnie parisienne, sous la direction de

Pézenas

M. Godfrin, est venue nous donner *Tête de Linotte*, charmante comédie de MM. Barrière et Gondinet, qui a été dans ces derniers temps le grand succès du théâtre du Vaudeville. C'est une pièce d'un comique achevé dont le succès a été complet.

(*Le Phare du Midi.*)

NIMES

3 et 5 janvier 1883.

Tête de Linotte est une folichonnerie irrésistible. On se pâme devant ces chassés-croisés, ces imbroglios sans fin. A la troupe de M. Golfrin nos plus sincères félicitations.

P. S. — Vu l'immense succès de belle humeur obtenu par la folie

Temple de Diane

inénarrable de Gondinet, la troupe de M. Golfrin a consenti à donner hier au soir une seconde représentation de *Tête de Linotte*. Même faveur qu'à la première représentation. Trois fois bravo!

(Le Furet nimois.)

La désopilante comédie de Gondinet, *Tête de Linotte*, a été parfaitement jouée hier par des artistes parisiens.

(Le Journal du Midi.)

ALAIS

Jeudi 4 janvier 1883.

Il y a deux cents ans, Bossuet tonnait contre le théâtre, condamnait non seulement Molière, mais encore Racine et Corneille. Qu'aurait-il dit, grands dieux! s'il avait assisté à la représentation de *Tête de*

Alais

Linotte, qui fut donnée, jeudi dernier, sur notre scène, par la troupe parisienne de M. Godfrin? Mais on n'en est plus au temps où l'on demandait au théâtre d'être instructif et surtout moral; aujourd'hui on est très indulgent à son égard, on ne lui demande que de distraire et d'amuser le spectateur. Les auteurs de *Tête de Linotte* ont parfaitement réussi sur ce point.

(*Le Drapeau national*)

TARASCON

Dimanche 2 janvier.

Château du roi René

✳

MARSEILLE

8, 9, 10, 11, 23, 24, 25 janvier 1883.

Ainsi que nous l'arions prévu, *Tête de Linotte* a obtenu hier soir, au Gymnase, un succès du meilleur aloi. La pièce, très gaie, très mouvementée, émaillée de situations ultra comiques et de mots fort spirituels, n'a été qu'un long éclat de rire en trois actes. Bravos et

rappels ont salué chaque chute du rideau et tous les interprètes de
cette œuvre endiablée ont été fêtés avec justice.

En tête de la troupe parisienne que nous a présentée M. Godfrin,
nous citerons M. Carré, un mari ébouriffant ayant montré maintes
fois les qualités supérieures d'un grime accompli. M. Meillet, fils de
feu le baryton Meillet et de Mme Meillet, la créatrice à Marseille du
rôle de l'*Africaine,* — artistes que n'ont point oubliés les habitués de
la salle Beauvau, — est un premier amoureux d'un talent réel. Tenue,

Notre-Dame-de-Grâce

distinction, entrain le caractérisent; il connaît en outre à fond l'art
de lancer adroitement le trait. M. Galabert mérite aussi une mention
spéciale; sa rondeur et ses stupéfactions ont mis le public en belle
humeur. Citons encore M. Howey, un Portugais de fantaisie.

Décernons enfin de sincères éloges à Mlle Caron, de l'Odéon, qui a
joué avec brio le rôle principal et a été bien secondée par Mlles Paurelle, Achard et Laville.

Avec un tel ensemble, *Tête de Linotte* ne peut manquer de piquer
vivement la curiosité des amateurs de fines plaisanteries et de sur-
prises hilarantes.

(*Le Petit Marseillais.*)

L'interprétation de *Tête de Linotte* est fort bonne: M. Carré, dans
le rôle du bonasse Champanet, fait montre d'un naturel et d'un

gâtisme parfaits. Mlle Caron, de l'Odéon, fait de Tête de Linotte une inoubliable Mme Champanet, adorable d'étourderie et d'entrain. Très amusant, M. Galaberd en Grimoine, le mari qui a des bontés adultérines pour Olympia, et parfait aussi M. Meillet Carpiquel, un jeune premier de la bonne école. N'oublions pas Mlles Paurelle et Achard (Elmire et Olympia), deux élégantes artistes, et la silhouette d'ingénue de Mlle Laville (Cécile). Enfin M. Howey est un Portugais typique qui apporte son tribut de jovialité à cette pièce désopilante.

Le succès obtenu par la troupe de M. Golfrin est incontestable ; nul doute que tout Marseille artistique ne veuille se rendre ce soir encore au Gymnase, pour acclamer une dernière fois les excellents interprètes de *Tête de Linotte*, qui ont fait un pacte avec les bravos et les rappels chaleureux.

(Le Mondain.)

Tête de Linotte — un joli titre — n'est-ce pas? — et qui est presque un portrait en pied — *Tête de Linotte* est une œuvre posthume de Théodore Barrière, arrangée par M. Gondinet, un récent succès du Vaudeville qu'une troupe parisienne propage en province.

Œuvre charmante, en somme, et qui, malgré ses allures de tourbillon, laisse la plus agréable impression. La troupe parisienne qui l'interprète est convenablement composée et compte même quelques artistes tout à fait remarquables. Nous citerons en première ligne Mlle Caron, de l'Odéon, chargée du principal rôle. Mince, fine, ébouriffée, le nez au vent, elle est bien la Tête de Linotte qu'ont rêvée les auteurs. Son jeu parfois dépasse un peu la mesure; mais elle est aussi pleine d'imprévu et d'originalité. C'est une nature. M. Carré, dans le rôle du mari, s'est montré excellent comédien. Nos compliments aussi à M. Galaberd, pour son jeu plein de rondeur, et à M. Meillet. Quant à M. Howey, il nous a simplement rappelé, dans son personnage de Brésilien, ce pauvre Tisté Bouisson, dit le « Roi des tambourinaire »

(Le Sémaphore.)

Brillant succès avec *Tête de Linotte*, ce charmant petit vaudeville que, de déduction en déduction et par une méthode peu ordinaire, les auteurs ont su mener à bonne fin. C'est un intéressant imbroglio, un ensemble de situations on ne peut plus comiques, surtout au second acte.

L'interprétation a été bonne, mais un peu exagérée, entre autres dans le personnage du Portugais. M. Carré et Mlle L. Caron méritent surtout nos éloges.

(Le Balai.)

TOULON

1 2 et 22 janvier 1883.

Les interprètes de *Tête de Linotte* avaient été devancés par leur réputation; ils ont été à la hauteur des éloges que la presse de Paris et de province leur avaient décernés.

Le rôle principal, celui de Tête de Linotte, Céleste Champanet,

Toulon

confié à Mlle Caron, de l'Odéon, a été tenu avec une étourdissante *maestria*. On ne saurait être plus complétement distraite.

Le rôle de Champanet, tenu par Carré, du Vaudeville, nous a révélé un artiste *di primo cartello*, faisant rire et trémousser son public avec le sérieux d'une âme honnête et dévouée. A un moment donné, ce n'était plus le rire qui éclatait dans la salle, c'était un hoquet convulsif qui s'en exhalait. Que de rates ont dû se dilater outre mesure !

Les autres rôles, tenus par des artistes de mérite, tels que MM. Meillet, Howey, Galaberd ; Mmes Paurelle, Laville, etc., ont vaillamment secondé leurs camarades dans cette tourbillante folie.

(Le Petit Var.)

NICE

13, 17, 18, 20 janvier 1883.

L'interprétation qui nous a été donnée par la troupe de M. Godfrin est telle que l'on pouvait l'attendre de la part d'artistes intelligents qui ont eu le loisir de voir jouer pendant un mois la pièce à Paris, qui l'ont répétée pendant ce même mois avec soin, aidés, sans aucun doute, par les conseils de M. Gondinet et qui l'ont jouée ensuite au moins une quarantaine de fois avant de venir à Nice.

Nous ne discuterons pas ici le mérite individuel de tel ou tel de ces artistes, l'ensemble est très satisfaisant et, la pièce aidant, le succès ne pouvait être douteux.

(Le Monde élégant.)

DRAGUIGNAN

14 janvier 1883.

GRASSE

Mardi 16 janvier 1883.

Il n'a manqué qu'une chose à *Tête de Linotte* pour être avec *Divorçons* et *Le monde où l'on s'ennuie* l'un des trois plus grands succès comiques que nous ayons eu à enregistrer dans ces dernières années, il ne lui a manqué que... l'escalier, ce fameux escalier tournant dont on nous avait à l'avance rebattu les oreilles et dont il a bien fallu finalement se passer, par la raison toute simple que ses dimensions n'ont pas permis de l'introduire sur la scène. Le public, du reste, hâtons-nous de le dire, ne s'est pas montré froissé plus que de raison de ce fâcheux contre-temps ; il a fait de bonne grâce, à l'œuvre de MM. Barrière et Gondinet, tout l'accueil qu'on pouvait souhaiter.

Deux artistes se sont placés hors de pair dans l'interprétation de
cette inénarrable bouffonnerie; ce sont M. Albert Carré et Mlle Caron.
On ne saurait représenter le couple Champanet avec plus de gaieté,
d'esprit et de naturel qu'ils n'en ont montré. Après eux, il serait
injuste de ne pas mentionner MM. Galsberd, Meillet et Howey, et du
côté des dames, Mlle Achard, qui ont fort spirituellement mis en
valeur les autres principaux rôles de la pièce.

(*Le Commerce.*)

MENTON

Vendredi 19 janvier 1883.

La soirée a été charmante et les interprètes, gens d'expérience, se sont
tirés d'affaire avec un bonheur auquel nous étions assez loin de nous
attendre, malgré l'habileté que nous avons signalée déjà et dont

Menton

d'autres troupes en tournée avaient fait preuve sous nos yeux. On
devine que nous voulons parler de l'insuffisance du cadre offert aux
ébats des artistes par la scène exiguë du Cercle.

On sait qu'au second acte de *Tête de Linotte*, la scène est divisée
en deux compartiments et que l'un des deux comprend un escalier
qu'on nous avait annoncé comme indispensable à l'intelligence de
l'action. Eh bien, faute d'espace, on a dû renoncer à placer l'escalier

sur notre scène. Et tel a été le bon vouloir, l'entrain de tous, qu'il faut convenir qu'avec des artistes intelligents et dévoués, s'il est au théâtre des accessoires utiles, il n'en est guère d'indispensables.

Comme partout où elle passe, la troupe de M. Godfrin a recueilli à Menton les applaudissements et les éclats de franc rire qu'elle mérite à tous égards.

Sans vouloir désobliger aucun des artistes de cette troupe, qui, tous, ont fait preuve de zèle et presque tous de talent, nous devons mettre hors de pairs M. Carré (Champanet) qui est un comédien consommé.

(L'Avenir de Menton.)

HYÈRES

Dimanche 21 janvier 1883.

Tête de Linotte, sous tous les rapports, est une grande réussite. Barrière et Gondinet y ont dépensé énormément d'esprit.

Comme décors, les machinistes ont fait plus que leur possible, avec l'exiguité de notre scène. L'escalier, tout resserré qu'il était, a produit son effet, car il joue un rôle important dans la pièce. Comme interprétation, on sentait là de vrais artistes, surtout dans les principaux rôles.

M. Carré est un artiste sérieux; il a rendu avec la bonhomie et le naturel de commande le rôle important de Champanet. M. Galabert a enlevé le rôle de Grimoine avec la rondeur, l'apparence bonhomme et les fins soulignements de circonstance. Carpiquel a trouvé dans M. Meillet un excellent interprète des ahurissements à jet pour ainsi dire conti... que comporte le rôle. Ces trois artistes ont été parfaits. Quant au rôle de Roy Gomar, on sent que son interprétation laisse à désirer.

Quelle délicieuse Tête de Linotte que Mlle Caron. Quel naturel, quel jeu de physionomie correct et expressif et comme sont bien conduites les transitions constantes que comporte le rôle de Céleste. A côté, les autres rôles de femme viennent complètement en sous-ordre. Notons cependant celui d'Elmire, qui a été fort bien rendu par Mlle Paurelle. Mlles Achard, Laville et Englebert ont été, dans leurs rôles secondaires, de dignes artistes du Vaudeville.

(Les Echos d'Hyères.)

AIX

Vendredi 26 janvier 1883.

Et *Tête de Linotte!* En voilà encore une de folie qui a fait salle comble et égayé les plus sérieux. C'est un éclat de rire en trois actes dont Mlles Caron, Achard et Paurelle, MM. Carré, Galaberd, Howey et Meillet se sont partagé les honneurs avec les machinistes. Car les inimitables tirades de ces messieurs, le comique exhilarant de leur personne, le grotesque, le brouillamini, l'inextricable des situations ne sont pas encore tout l'attrait : il y a de plus un clou, un clou qu'on n'enfonce pas à coups de marteau, un clou à vis, un escalier à vis, l'escalier du second acte.

Le Portique

Honneur à l'inventeur, au constructeur et au démonteur de cet escalier qui se prête complaisamment à tant de péripéties.

(La Provence.)

Tête de Linotte est une œuvre qui n'aurait pas le succès qu'elle a obtenu, interprété par des artistes médiocres. Il faut une troupe vraiment parisienne dans toute l'acception du mot comme celle qui l'a jouée à Aix, pour l'enlever. Là il y a tout : le naturel, l'habile composition du rôle, la verve, l'entrain, la vérité de l'expression, la pureté de la diction. Il faudrait citer toute la troupe avec ses personnalités remarquables. Mentionnons plus spécialement Mlle L. Caron, M. A. Carré, Mlle Achard, Mlle Paurelle, M. Galaberd et M. Meillet.

(Le Mémorial d'Aix.)

ARLES

27 et 28 janvier 1883.

La nouvelle comédie de Th. Barrière et Gondinet, *Tête de Linotte*, a été jouée, cette semaine, sur notre scène du théâtre des Variétés par une troupe parisienne. Tout le monde sait ce que valent ces troupes

Place du Marché

de passage. Elles se composent généralement d'un artiste de valeur autour duquel viennent se grouper, à titre de repoussoirs, plusieurs cabotins de bas étage.

Cette fois, il n'en était pas ainsi, car, en dehors de Mlle Caron et de MM. Galaberd et Carré, qui ont réellement du talent, tous les autres artistes peuvent revendiquer une part du succès qui a accueilli chacune des représentations.

(Le Midi artiste.)

MONTPELLIER

29 et 31 janvier 1883.

Avant-hier a eu lieu, au Grand Théâtre, la représentation de *Tête de Linotte*, donnée par une troupe parisienne des mieux choisies.

La représentation a été, comme nous l'avons dit dans notre numéro d'hier, très bonne. Tous les artistes ont joué leurs rôles, d'un bout à l'autre, avec beaucoup de naturel, de comique et un entrain comme nous n'en avons pas vu souvent.

Du côté des actrices, nous signalerons particulièrement Miles Caron, dans le rôle de Céleste; Achard, qui représentait Olympia; du côté des acteurs, MM. Carré, Champanet; Galaberd, Grimoine; et surtout M. Howey, qui nous a donné dans le rôle de Ruy Gomar, un type de Portugais des mieux réussis, etc.

(Le Petit Méridional.)

CARPENTRAS

Jeudi 1ᵉʳ février 1883.

AVIGNON

Vendredi 2 février 1883.

Le pont d'Avignon

ROMANS

Samedi 3 février 1883.

C'est avec un véritable intérêt que nous avons suivi les mille péripéties agréables et amusantes qui remplissent la désopilante comédie de *Tête de Linotte.*

Quant à l'interprétation de la pièce, elle a été excellente, à part quelques petites exceptions. Nous avons applaudi à cœur joie Mlle Caron dans le rôle de Céleste, c'est la plus ravissante Tête de Linotte que l'on puisse rêver. Mlle Achard fait une gentille Olympia, trop jolie peut-être pour M. (Moumouth'. Mlles Paurelle et Laville sont très bien dans les rôles d'Elmire et de Cécile et je vous certifie que si j'eusse été à la place de M. Carpiquel, mon cœur aurait été très entrepris de savoir à qui jeter le mouchoir de Céleste ou de Cécile. Quant à Mlles Englebert et Albret, cela ferait de fort jolies modistes que l'on prendrait plaisir à admirer en passant près de leur magasin. Et M. Galaberd, est-il impayable dans le rôle de Grimoine? On ne peut vraiment dépeindre un type mieux réussi. M. Carré a su s'attirer les applaudissements de la salle entière dans le rôle comique et sérieux de Champanet. M. Meillet a assez bien interprété le rôle de Carpiquel, mais il était beaucoup mieux dans le personnage d'Octave, la ravissante comédie en un acte que l'on a jouée au commencement; c'est un artiste qui a bonne mémoire, mais manque un peu de jeu, de physionomie et de gestes. Quant à M. Howey, dans le rôle de Ruy Gomar, il ne s'est pas assez pénétré de son personnage et a un peu trop machinalement récité son rôle.

(Journal de Jacquemart.)

GRENOBLE

5 et 9 février 1883.

Avant-hier, la troupe de M. Godfrin, composée d'artistes du Vaudeville, a donné sur notre scène une représentation de *Tête de Linotte,* désopilante comédie en trois actes, qui a obtenu, comme partout ailleurs du reste, le plus franc et le plus légitime succès.

Mlle Caron a été une délicieuse Céleste, pleine de grâce, de pétulance et d'entrain.

M. Carré s'est montré un artiste accompli dans le rôle de Champanet.

MM. Meillet, Howey et Galaberd ont également fort bien tenu leurs

Route de la Chartreuse

rôles et ont recueilli une large part d'applaudissements, et c'était justice.

(Réveil du Dauphiné.)

La troupe de M. Godfrin nous a donné, hier soir, une excellente représentation de *Tête de Linotte*, le succès actuel du Vaudeville.

Il serait impossible de faire un compte rendu de cette pièce, un véritable imbroglio.

Mlle Caron et M. Carré ont eu les honneurs de la soirée.

Mlle Caron (Céleste) est charmante, pleine de pétulance et d'entrain.

M. Carré a été un Champanet accompli.

MM. Galaberd, Howey et Meillet ont su également se faire apprécier.

(Le Républicain de l'Isère.)

CHAMBÉRY

Mercredi 7 février 1883.

✠

ANNECY

Jeudi 8 février 1883.

L'étrange originalité du titre de la pièce, la réputation bien établie dont chaque nom d'acteur était entouré, avant l'arrivée de la troupe artistique dans notre ville, jusques et y compris surtout l'annonce merveilleuse de décors tout à fait inédits sur la scène, avaient attiré, jeudi soir, une foule nombreuse à notre théâtre, et la soirée qui s'y est donnée est certainement une des plus joyeuses à laquelle le public amateur annécien ait eu la bonne fortune de prendre part.

La pièce était bien faite, d'ailleurs, pour motiver un pareil empressement du public, car du commencement à la fin, *Tête de Linotte* n'est qu'un vaste éclat de rire.

Que dire des acteurs! sinon répéter, sans les affaiblir, les éloges qui leur sont dès longtemps décernés par les princes les plus autorisés de la critique théâtrale.

Toutefois, l'avis de plusieurs amateurs compétents dont nous nous inspirons est que, dans ces divers rôles, les hommes ont généralement mieux tenu leur emploi que les femmes, et que, sauf Tête de Linotte et Olympia, les autres rôles féminins n'ont pas eu la même valeur artistique.

(Les Alpes.)

LYON

10 au 18 février 1883.

Obligé d'être bref, nous nous bornerons à dire que *Tête de Linotte* est seulement une idée de Barrière, idée posthume que Gondinet a mise en dialogue. Pourtant nous avons remarqué quelques mots frappés au coin de l'auteur des *Faux Bonshommes*, et des situations dont Gondinet a dû trouver la donnée dans les cartons de son collaborateur. Dans le second acte, surtout, la *patte* de Barrière se révèle à chaque instant.

Nous ne raconterons pas les coups de tête de l'héroïne de cette comédie, une femme adorable qui perd toujours quelque chose. C'est même après ce quelque chose que courent ses partenaires intéressés, course folle toujours, franchement comique quelquefois. Ce steeple-chase mérite d'être vu.

M. Albert Carré a du naturel et de l'aisance : son jeu nuance finement les traits d'un rôle auquel il a su donner des allures bien personnelles. Compliments.

Mme Caron est une charmante Tête de Linotte; elle ne joue pas assez en dehors peut-être, mais elle rachète ce petit défaut par tant de précieuses qualités que la critique se trouve désarmée.

MM. Galaberd, Howey et Meillet complètent un ensemble très satisfaisant.

Avec de tels interprètes, *Tête de Linotte* fera, nous en sommes certain, tourner bien des têtes au Théâtre-Bellecour, où, durant toute la semaine, on aura le plaisir de la voir et de l'applaudir.

(Le Progrès.)

L'interprétation de la pièce est satisfaisante. Les artistes du Vaudeville sont au-dessus de la moyenne des troupes parisiennes qui exploitent la province, et nous avons rarement vu un ensemble aussi complet. Les rôles sont bien tenus; les acteurs, comme on dit, se sentent les coudes; l'intrigue est vivement menée.

M. Albert Carré a droit à tous nos éloges. Il a composé, en comédien de la bonne école, le rôle de Champanet. Ce jeune artiste sait être amusant sans tomber dans la charge; sa diction est correcte; il est comique et jamais grotesque.

Dans un rôle de Portugais, M. Howey fait preuve de bonnes qualités. Il a quelque tendance à exagérer ses effets et à les sombrer. « Les Portugais sont toujours gais ». Ça se chante tous les soirs.

Mlle Caron joue nerveusement le rôle de Céleste. L'Odéon possède en elle une charmante pensionnaire.

Mmes Paurelle, Achard et Laville tiennent fort convenablement des emplois secondaires, et leurs efforts contribuent pour leur part au succès de l'ouvrage.

(*Le Petit Lyonnais.*)

Tête de Linotte est un long imbroglio, amusant dans les deux premiers actes surtout. Le malheur, c'est que Bellecour serve de cadre à cette petite pièce. Voyez-vous une aquarelle de Louis Loir dans un cadre de trente-deux?

Le public a cependant franchement ri. Les applaudissements n'ont pas manqué. Mais combien le succès eût été plus grand dans la salle des Célestins, faite à souhait pour les opérettes et les pièces minuscules.

Nous avons retrouvé M. Howey, qui force un peu la note. Un Portugais. La mode est aux Portugais. Ils sont toujours gais, dit la chanson.

M. Albert Carré mérite tous nos suffrages; il a montré dans le rôle de Champanet de sérieuses qualités de comédien. Il dit juste sans exagération. C'est un comique de la bonne école. Au reste, un jeune homme dont Paris nous renverra le nom dans une salve de bravos.

Une pensionnaire de l'Odéon, Mlle Caron, est une Céleste dans le goût du jour. Tout en nervosisme. En tout cas, spirituelle et jolie.

A côté d'elle, trois très gracieuses interprètes : Mmes Achard, Laville et Paurelle.

Tous nos compliments à nos aimables visiteurs. Ils nous font connaître une superbe pièce, jouée avec un incontestable talent.

La Bavarde.

M. Albert Carré — un jeune qui ira loin — joue Champanet, le professeur de pisciculture, avec une autorité et un comique exempt de toutes velléités de charge, il est sérieux sous une ombre de tristesse et donne à son personnage un peu... grotesque un cachet de vérité tel que vous croyez en reconnaître le type. Une figure bien connue des Lyonnais, M. Galaberd, le créateur des joyeux *Boussigneul*, est admirable de rondeur et d'entrain ; MM. Meillet et Howey, ce dernier un ancien artiste des Célestins, complètent le quatuor masculin en y apportant chacun sa physionomie et sa note particulière. Seulement — oh ! ce *seulement* des *Faux Bonshommes* — M. Howey nous paraît avoir les mouvements un peu trop automatiques et nous rappelle parfois le fusilier Bridet.

Quant aux dames, Mlle Caron, que nous avons vue à Bellecour dans la *Jeunesse de Louis XIV*, est tout simplement hors de pair, on n'est pas plus tête de linotte ! Mmes Paurelle, Achard, Laville et Meillet tiennent très convenablement leur emploi ; il en est de même de la soubrette, une charmante femme qui joue la comédie comme si elle n'avait fait que cela toute sa vie.

En résumé, excellente pièce, fort bien jouée, et que les médecins feraient bien de recommander à leurs malades atteints d'hypocondrie : le deuxième acte seul les guérirait.

(La Tribune lyonnaise.)

L'interprétation est bonne, et, comme ensemble, la troupe possède d'excellents éléments. Mlle Caron, dans le rôle de Céleste, est une délicieuse tête de linotte qui en fait tourner bien d'autres ; M. Carré, dans le rôle de Champanet, s'est montré excellent comique. MM. Galaberd, Howey, Meillet complètent l'ensemble d'une façon très satisfaisante.

(Le Moniteur de Lyon.)

SAINT-ÉTIENNE

Lundi 19 février 1883.

Très agréable soirée hier. *Tête de Linotte* est une charmante comédie-bouffe ; elle séduit le public par le nombre et l'imprévu des quiproquos et par la prestesse merveilleuse de l'exécution.

Le type de philosophe, d'homme méthodique, faisant contraste avec la femme étourdie à la tête de linotte, est ingénieusement placé au milieu de la pièce pour permettre au public de suivre, sans s'embrouiller jamais, tous les fils d'intrigues très compliquées.

C'est un pétillement, un crépitement de mots drôles. Et ce qui est rare au théâtre, les auteurs, loin d'épuiser leur verve dans les deux premiers actes, sont restés spirituels jusqu'à la fin. Le dénouement.

Un vieux portique

ou plutôt les dénouements, très adroitement amenés, sont très amusants.

Un mot a eu un immense succès de fou rire.

La famille Champanet, revenant de voyage, regagne la villa, la nuit, par de mauvais chemins.

— Il n'y a pas même de lune, dit l'un des arrivants.

— Ce n'est pas étonnant!... ajoute sentencieusement M. Champanet..., avec le Conseil municipal que nous avons...

Des applaudissements frénétiques ont aussitôt éclaté. Les regards des spectateurs se sont tournés vers la loge municipale, cherchant les Jinot, les J.-M. Vial, les Peyron, et autres têtes de linotte... du Conseil municipal que nous avons.

(*Le Moniteur de la Loire.*)

BOURG

Mardi 20 février 1883.

Tête de Linotte est une pièce très gaie, très mouvementée, très amusante; un vrai feu d'artifice, en un mot. Ce qu'il faut voir, et ce qu'on ne peut analyser, c'est la façon dont les joyeux auteurs ont conduit leur intrigue au travers d'un véritable dédale de coq-à-l'âne et de banquettes irlandaises.

Cette aimable tourbillonnante folie, bourrée de situations comiques et de mots amusants, tient le public dans des convulsions d'hilarité pendant trois heures.

(*Le Courrier de l'Ain.*)

MACON

Mercredi 21 février 1883.

BEAUNE .

Jeudi 22 février 1883.

Tête de Linotte a été parfaitement jouée par MM. Carré, Galaberd, Howey et Meillet.

C'est Mlle Caron qui représentait, avec des mines d'oiseau distrait,

Une rue de Beaune

l'évaporée Céleste; elle voltige d'une idée à l'autre, picorant les grains de folie dont ce rôle est semé et égayant par son léger babil ce vaudeville signé des noms de Théodore Barrière et Gondinet. Mlle Paurelle est charmante dans son rôle d'Olympia, et Mlle Achard renforce d'une soubrette, prompte à la riposte, la troupe de M. Godfrin.

(*Journal de Beaune.*)

CHALON-SUR-SAONE

Vendredi 23 février 1883.

Tête de Linotte est un énorme succès pour la compagnie parisienne, à la tête de laquelle MM. Albert Carré, Galaberd et Meillet ont combattu le spleen avec un talent de premier ordre.

La Cathédrale

Quelle admirable ganache que M. Carré! Ce sera, à coup sûr, — si ce n'est déjà fait — un des premiers comiques de Paris.

Du côté des dames, l'inénarrable folie de Barrière et Gondinet n'était pas moins bien défendue; Mlle Caron (Tête de Linotte), dont les nombreux ahurissements et le geste saccadé rappellent un peu le jeu de Céline Chaumont. Mlles Paurelle et Meillet ont donné la réplique à leurs partenaires avec un entrain irrésistible.

(Le Progrès.)

LONS-LE-SAULNIER

Samedi 24 février 1883.

Samedi dernier, *Tête de Linotte.*

Les artistes qui ont interprété cette désopilante comédie de MM. Barrière et Gondinet ont répondu pleinement aux aspirations du public qui, charmé de leur talent, leur a prodigué, à juste titre, des applaudissements enthousiastes. Nous devons une mention spéciale et bien méritée à Champanet (M. Carré) et à Céleste (Mlle Caron),

Environs de Lons-le-Saunier

qui, chargés des rôles les plus importants, s'en sont acquittés de la façon la plus naturelle en même temps que la plus brillante. Aussi, ont-ils été littéralement assaillis par des marques d'approbation de toutes sortes, décernées à l'unanimité au milieu du fou rire qui s'était emparé de la salle tout entière.

La satisfaction se lisait sur tous les visages; les plus endurcis riaient carrément, et le regret qu'émettaient, en partant, les spectateurs, de ne pouvoir assister plus souvent à des soirées de ce genre, d'où l'on sort gai de la bonne gaieté, dénote, mieux qu'un volume de notre vilaine prose, le succès obtenu.

(La Sentinelle.)

DOLE

Dimanche 25 février 1883.

M. Galabord, disons-le sans hésiter, nous parait l'artiste le plus remarquable de la troupe. Il a composé avec une vérité, une observation de détails surprenante, le personnage de Grimoine, un vieux

Dole

galantin railleur et sceptique. M. Carré, dans Champanet, a été, lui aussi, tout à fait remarquable. M. Meillet a mis toute sa bonne volonté à composer le rôle de Carpiquel, fort long et difficile à remplir. Il a été fort applaudi, malgré un léger défaut de monotonie dans le débit. Quant à Mlle Caron, dans *Tête de Linotte*, l'épouse espiègle et... légère de ce bon M. Champanet, elle a joué en digne émule de M. Galaberd. A notre point de vue. c'est le meilleur éloge que nous puissions lui adresser,

(*La République.*)

LAUSANNE

Lundi 26 février 1883.

Tête de Linotte a été enlevée avec l'entrain et le brio qu'on pouvait attendre d'acteurs jouant pour la cent douzième fois une pièce aussi spirituelle; les artistes du Vaudeville son* loin de la perfection, mais ils amusent, ils entrainent le public, et c'est l'important pour les interprètes d'une jolie farce.

L'Estafette.

NEUFCHATEL

Mardi 27 février 1883.

CHAUX-DE-FONDS

Mercredi 28 février 1883.

BALE

Jeudi 1er mars 1823.

Wir haben zahlreiche franzœsische Schau- und Lustspiele über unsere Bühne gehen sehen, allein noch keines hat unsere Lachmuskeln so sehr in Bewegung gesetzt wie *Tête de Linotte* (Strudeli, wie wir auf Baseldeutsch sagen würden).

Die Scenen auf der Hausflur und der Wendeltreppe eines Miethhauses waren von unübertrefflicher Komik und wurden mit einer

Maison du faubourg de Bâle

Zungenfertigkeit, Gewandtheit und Sicherheit gespielt, bei der deutsche Schauspieler Vieles hätten lernen kœnnen. Namentlich gefielen die HH. A. Carré (Champanet), Galaberd (Grimoine) und Howey (Ruy Gomar); beim ersten Liebhaber Hrn. Meillet (Carpiquel) stœrte einigermassen das rauhe Organ den Genuss seiner nicht uninteressanten Partie. Von den Damen verdienen Frln. Caron (Céleste), Frln. Achard (Olympia) und Frln. Paurelle (Mme Grimoine) speciell hervorgehoben zu werden, obwohl alle Mitwirkenden ohne Ausnahme ihre Pflicht zur besten Zufriedenheit thaten.

Basler Nachrichten.

BELFORT

Vendredi 2 mars 1883.

La représentation de la pièce de Barrière et Gondinet, *Tête de*

La t ur de la Miotte

Linotte, avait attiré une nombreuse assemblée, malgré l'élévation du prix des places.

Les acteurs ont été choisis spécialement pour les rôles, par leurs qualités physiques et par le talent qu'ils savent y déployer. La pièce marche, comme on dit, sur des roulettes, et cela seul est d'une certaine difficulté par la complication de l'intrigue et la variété des situations.

Les éclats de rire, les applaudissements, les rappels ont prouvé aux acteurs que le public appréciait fort leurs qualités. MM. Carré (Champanet, le professeur de pisciculture), Galaberd (Grimoine, le voltairien), Howey (Ruy Gomar, le Portugais brésilien), Meillet (Carpiquel, le séducteur), Mmes Caron (la Tête de Linotte), Paurelle (Olympia) ont représenté au naturel les personnages de cette comédie, prise au vif sur les mœurs du jour.

(Journal de Belfort et du Haut-Rhin.)

MONTBÉLIARD

Samedi 3 mars 1883.

Si je ne craignais d'empiéter sur les nobles fonctions de l'Académie de médecine, je dirais à tous les hypocondriaques : « Allez voir jouer *Tête de Linotte*, et vous serez guéri. » Pas de mélancolie qui tienne, il faut rire à gorge déployée.

En somme, la pièce est gaie, pleine d'esprit et de bon goût, et elle a été parfaitement enlevée par la troupe de M. Godfrin. Nous n'avons pas à citer tel ou tel artiste, tous ont été excellents ; les spectateurs les plus délicats et les plus difficiles étaient satisfaits de cette troupe vraiment parisienne, non seulement de nom et de personnel, mais encore de jeu, de ton et d'action.

(Le 14 Juillet.)

COLMAR

Dimanche 4 mars 1883.

STRASBOURG

Lundi 5 mars 1883.

On a beaucoup ri, hier, à *Tête de Linotte*, beaucoup applaudi et souligné de bravos les mots les plus saillants. Dès l'entrée de Champanet, à qui sa femme fait observer que la lune au moins aurait pu éclairer leur chemin et qui répond : « La lune!... la lune!... avec un Conseil municipal comme le nôtre!... » la salle était lancée, et l'on n'a cessé de s'amuser, et de montrer qu'on s'amuse, que faute d'aliments, c'est-à-dire après la scène finale.

Albert Carré est tout simplement excellent dans le rôle de Champanet. Un naturel exquis, un tact, une réserve, une sobriété dans le geste, dans les jeux de physionomie, dans la production des effets comiques, qui n'appartiennent qu'aux comédiens de la meilleure école, à ceux qui partent de ce principe qu'il n'y a rien de plus vrai que la vérité, rien de plus saisissant que la simplicité et rien de plus sympathique que le bon goût. La façon dont Carré a composé ce rôle le classe définitivement parmi les bons comiques de Paris et achève de le poser dans l'estime de ceux qui ont suivi les rapides progrès de sa carrière. Il s'était fait applaudir ici comme lecteur et comme conférencier, il voulait se faire apprécier de ses concitoyens comme comédien dans un rôle qui fût réellement une création de valeur et nous le félicitons d'avoir si victorieusement et si maîtrement subi l'épreuve.

Mlle Caron est charmante dans le rôle de Céleste Champanet, avec sa tête piquante et fine, ses grands yeux étonnés, son accent si caressant et si joli et tout son diable d'entrain parisien. M. Galaberd (Grimoine), un comédien d'expérience, au talent observateur et sûr de lui-même; Mlle Paurelle (Mme Grimoine), qui a attaché son nom à tant de joyeuses créations; M. Howey (don Stefano Ruy Gomar), qui joue avec beaucoup de tact un rôle très facile à faire glisser dans la charge; Mlle Achard (Olympia Frémichet), une modiste dont on est tout de suite coiffé; Mme Albret (Justine), une soubrette accorte et agréable; M. Meillet (Carpiquel); Mme Meillet (le trottin) complètent l'interprétation. Il y a eu des rappels après chacun des trois actes de *Tête de Linotte* et nos hôtes d'un jour emportent de nous ce que nous gardons d'eux : un aimable souvenir.

(Le Journal d'Alsace.)

LUNÉVILLE

Mardi 6 mars 1883.

METZ

Mercredi 7 mars 1883.

LUXEMBOURG

Jeudi 8 mars 1883.

Die Heiterkeit, die man uns für die Aufführung von *Tête de Linotte* in Aussicht gestellt hatte, hat sich in vollem Masse verwirklicht. Das Lachen begann gleich mit dem Anfang des ersten Aktes und hœrte erst auf, als der Vorhang zum dritten Male gefallen war; stellenweise erreichte es sogar stürmische Verhæltnisse.

(Journal du Luxembourg.)

NANCY

9 et 10 mars 1883.

Tête de Linotte, donnée vendredi soir à notre théâtre, a obtenu un succès étourdissant de gaieté. A l'heure actuelle notre compte rendu serait trop tardif pour être utile aux excellents artistes qui, tous sans exception, ont fait de leur mieux et ont mérité de très justes éloges. On a redonné la même pièce hier soir. Même succès et salle comble.

(Journal de la Meurthe et des Vosges.)

Depuis bien longtemps nous n'avions éprouvé une satisfaction aussi vive. La comédie de Barrière et Gondinet est charmante d'un bout à l'autre. Elle est pleine de verve, de gaieté, d'entrain jeune et de comique imprévu. Elle fait spontanément éclore le rire. Elle est interprétée d'une façon remarquable. Contrairement à la plupart des troupes de passage, celle de M. Godfrin renferme de véritables artistes. MM. Carré, Galaberd et Howey, Mlle Caron savent leur métier. Allure naturelle, diction fine, soulignant le trait. Tout en eux rappelle les meilleures traditions des scènes parisiennes.

(Progrès de l'Est.)

BAR-LE-DUC

Dimanche 11 mars 1883.

Soirée charmante dimanche soir au théâtre ; la troupe de M. Godfrin a laissé une excellente impression.

La charmante comédie de MM. Barrière et Gondinet a été très bien interprétée. Nous n'avons eu à relever aucune faiblesse. Tous les artistes méritent nos éloges, nous nous empressons de les leur adresser.

(L'Indépendant de l'Est)

CHALONS-SUR-MARNE

Lundi 12 mars 1883.

Nous ne pouvons que féliciter les excellents artistes dont se compose la troupe de *Tête de Linotte* : MM. Carré, Galaberd, Howey, Mmes L. Caron, Paurelle, Achard, etc. Ils ont été acclamés et rappelés par le public.

Ce qu'on ne sait pas, c'est que *Tête de Linotte*, cette pièce étourdissante de gaieté, a failli n'être pas jouée en Alsace-Lorraine, d'où venait la troupe de M. Godfrin. Elle paraissait trop décolletée aux chastes fonctionnaires allemands.

Tête de Linotte a obtenu à Colmar, Strasbourg et Metz un immense succès. Partout salle comble.

A Metz, petite manifestation. Le spectacle commençait par la *Cravate blanche* de M. Gondinet. Au moment où le jeune Meillet prononçait ces mots :

> Blanc, rouge, bleu... tricolore !
> Cet habit-là n'est pas commun
> Et je comprends qu'on l'adore...

une salve d'applaudissements souligna la phrase et témoigna de l'amour profond que les Alsaciens-Lorrains conservent au fond de l'âme pour nos trois couleurs.

(Le Journal de la Marne.)

CHARLEVILLE

Mardi 13 mars 1883.

SEDAN

Mercredi 14 mars 1883.

Il y avait pleine chambrée, mercredi, pour applaudir la dernière pièce de Barrière et l'une des plus jolies comédies de Gondinet. L'attraction était d'autant plus grande que les deux ouvrages dont se composait le programme étaient des nouveautés pour Sedan et que les artistes chargés d'interpréter ces nouveautés appartiennent à l'élite de la grande famille des comédiens.

Comme partout d'ailleurs, *Tête de Linotte* a obtenu sur notre scène un grand et légitime succès, parfaitement justifié du reste.

De l'interprétation je ne dirai qu'un mot : c'était ravissant.

Malgré le froid et la neige fondue qui faisait de nos rues de véritables lacs, la recette s'est élevée à la jolie somme de 1,122 francs.

Un tel résultat se passe de commentaires, surtout quand l'on peut ajouter que les artistes ont été rappelés plusieurs fois par un public enthousiasmé.

(*La voix des Ardennes.*)

ÉPERNAY

Jeudi 15 mars 1883.

C'est une pièce ravissante que *Tête de Linotte*, pleine de verve et d'à-propos et qui tient les spectateurs constamment en haleine, et puis, cela vous est joué par les acteurs avec un naturel et une bonhomie charmante ; les apartés, les répliques, rien ne cloche, tout s'enchaîne et les jeux de scène sont enlevés avec une précision et une assurance qui dénotent des artistes de race. De loge de souffleur, point.

La pièce a été enlevée par des artistes de race ; M. Carré, dans le rôle de Champanet, est sur la scène comme chez lui, il s'y met à l'aise et sa conversation est enjouée et fine ; Mlle Caron (Céleste Champanet), est d'un déluré, d'un endiablé, qui lui ont valu bien des applaudissements ; la place nous manque malheureusement pour nous étendre sur le mérite des artistes, et il nous faudrait faire une notice sur chacun ; nous souhaitons ici une chose, c'est qu'ils reviennent le plus tôt possible.

(*La Vérité.*)

LAON

Vendredi 16 mars 1883.

Grand succès pour les interprètes de *Tête de Linotte* qui, connaissant à fond cette comédie, la jouent avec un ensemble parfait. Au premier rang nous placerons M. Albert Carré, l'artiste sympathique du Vaudeville, qui ces années dernières vint faire sur l'art de la lecture une conférence à notre théâtre et nous avait laissé comme homme du monde et comme conférencier une excellente impression. Son talent à se grimer, son jeu sobre et contenu, sa diction toujours juste, atteignant le comique sans paraître le chercher, sa distinction parfaite font de M. Carré un artiste d'un réel mérite et qu'on ne saurait trop encourager, ni louer.

Mlle L. Caron est assurément spirituelle et brûle bien les planches dans le personnage de Céleste; de plus ses toilettes sont élégantes et riches, ce qui ne gâte rien.

Nos compliments à MM. Galaberd (Grimoine), Howey (le Portugais) et Meillet (Carpiquel), et à Mmes Elmire Paurelle, Achard, Albret, Meillet et Laville qui concourent de leur mieux à la marche rapide et à la bonne exécution de cette étourdissante comédie.

(Le Journal de l'Aisne.)

SAINT-QUENTIN

Samedi 17 mars 1883.

La représentation de *Tête de Linotte* a été, de tous points, excellente. La pièce ne se raconte pas; il faut la voir. Disons que les situations comiques abondent et qu'on ne cesse de rire. Nous félicitons tous les artistes et principalement M. Albert Carré qui tient admirablement le rôle de Champanet, et Mlle Caron, qui joue parfaitement celui de Céleste. L'ensemble est d'ailleurs très bon.

(Le Journal de Saint-Quentin)

MAUBEUGE

Dimanche 28 mars 1883.

℞

PARIS

Relâche du 19 au 29 mars)

℞

ARRAS

Jeudi 29 mars 1883.

De pièce, il n'y en a pas dans *Tête de Linotte*, mais en revanche, quels types, quelles situations, quel mouvement et quel esprit ! La donnée de l'action rappelle les *Pattes de mouches* ; mais bien vite on ne pense plus qu'à rire, sans se préoccuper de la façon dont les auteurs s'y sont pris pour échafauder leur ouvrage.

Les rôles des Champanet sont parfaitement bien tenus par M. Carré et Mlle Caron, qui font preuve de beaucoup d'intelligence, de talent et de conscience ; les autres personnages sont fort suffisants ; la compagnie forme un excellent ensemble.

La charmante comédie de Gondinet, la *Cravate blanche*, pièce un peu guindée, comme son titre l'exige, a été fort convenablement interprétée, en levée de rideau, par M. Meillet, Mlle Achard, que nous préférons de beaucoup en Carpiquel et en Olympia de *Tête de Linotte*. Par contre, M. Galaberd nous a semblé parfait dans le rôle du valet de chambre Florentin.

La salle était bondée, et Dieu sait comme on a ri. Le diable doit, lui aussi, en savoir quelque chose.

(L'Avenir.)

Excellente représentation : bravos et rappels. Salle comble. Beaucoup de monde refusé à la porte. — Voilà en deux mots la séance d'hier.

(Le Courrier du Pas-de-Calais.)

DOUAI

Vendredi 30 mars 1883.

Nous sommes dans une nuit profonde. Pas le moindre clair de lune!

— Ah! ça n'est pas étonnant, dit Champanet, avec un Conseil municipal comme celui que nous avons....

Tête de Linotte a été accueillie par des éclats de rire sans fin, et jouée avec beaucoup d'entrain.

Il faut cependant noter un point par lequel *Tête de Linotte* dépasse la portée ordinaire du vaudeville et touche à la vraie comédie. Le mari de la femme qui a mérité ce joli sobriquet est une espèce de savant, homme à système, qui veut savoir les causes et les consé-quences de tout et qui donne aux étourderies de sa femme les raisons les plus graves et par conséquent les plus comiques. Ce type est une véritable trouvaille et fait que *Tête de Linotte* est déjà plus qu'une pièce simplement amusante.

(*L'Indépendant.*)

VALENCIENNES

Samedi 31 mars 1883.

Elle est vraiment d'une fantaisie bien amusante cette pièce pos-thume de Barrière, mise au point par Gondinet, que nous avons vue samedi sur notre scène.

Nous ne pouvons négliger d'accorder une mention au décor du deuxième acte, que transporte avec elle la troupe de *Tête de Linotte*. Pour un décor volant, qui chaque soir est installé sur une scène nouvelle, il est très habilement agencé.

Au reste, pour que *Tête de Linotte* soit appréciée à sa juste valeur, il faut que la pièce soit enlevée avec le brio et le mouvement que lui donnent les artistes que nous avons applaudis samedi. Il convient de citer principalement Mlle Caron et M. Carré.

(*Impartial du Nord.*)

MONS

Dimanche 1ᵉʳ avril 1883.

※

HUY

Lundi 2 avril 1883.

※

NAMUR

3 et 7 avril 1883.

La compagnie parisienne nous a donné hier une représentation de *Tête de Linotte*, la comédie qui a obtenu un si légitime succès au Théâtre du Parc à Bruxelles.

M. Edmond Gondinet, l'habile et excellent auteur du *Panache*, de

Namur.

Jonathan, etc., etc., a voulu amuser son public, et il a parfaitement réussi.

Tous ses personnages se meuvent, s'agitent sur la scène pendant trois actes, dans des scènes vraiment désopilantes. La pièce de Gondinet est un long éclat de rire... L'interprétation en est satisfaisante.

Céleste (Tête de Linotte) est bien représentée par Mlle Caron, qui met beaucoup de naturel et d'entrain dans son jeu.

M. Carré est excellent dans le rôle de Champanet, mari de Tête de Linotte.

Grimoine, le médecin qui « ne pratique plus pour ne pas être responsable de la mort de ses malades, » mérite des félicitations.

Nous ne pouvons en dire autant de M. Meillet, secrétaire de Champanet et l'amant de Madame.

L'embarras dans lequel il est censé se trouver n'est pas rendu d'une façon naturelle. Mmes Paurelle, Luthès, Spinoy sont satisfaisantes.

Quant au rôle de Ruy Gomar, il est trop chargé par M. Howey qui n'est pas assez Portugais.

(L'Opinion libérale.)

✍

VERVIERS

Mercredi 4 avril 1883.

✍

LIÉGE

5, 8 et 9 avril 1883.

Salle splendide, jeudi dernier, pour la représentation de *Tête de Linotte*. L'œuvre posthume de Barrière a obtenu le succès le plus étourdissant. La pièce, d'ailleurs, est pétillante de verve et d'entrain. C'est du Hennequin, pour l'entente scénique, et du Meilhac et Halévy pour l'esprit. L'exécution a été parfaite. Une mention spéciale est due à Mlle Caron, de l'Odéon — la plus charmante Tête de Linotte qui se puisse voir — et à MM. Carré et Galaberd, très amusants tous deux.

(Le Frondeur.)

Salle comble hier au théâtre pour la première de *Tête de Linotte*. Il y avait là des personnes mélancoliques et hypocondriaques que l'annonce d'une pièce gaie avait amenées au théâtre et qui comptaient trouver là le remède à leur mal. Avouons-le de suite, elles l'ont trouvé, car ce qu'on a ri hier est incroyable : la salle se tordait réellement, les dames poussant de petits cris de satisfaction, les messieurs riant si bruyamment que les artistes avaient peine à se faire entendre et à tenir leur sérieux.

La pièce est d'autant plus agréable à entendre que l'interprétation en est très bonne. Il nous faut citer tout en premier lieu Mlle Caron, de l'Odéon, engagée spécialement pour jouer Céleste (Tête de Linotte). Elle a détaillé tout son rôle avec un naturel, un « en dehors » tout à fait amusant. Parlant avec une volubilité étonnante, elle est bien le type de la Tête de Linotte, cette jeune dame insouciante et étourdie qui commet continuellement des erreurs fort compromettantes. Le succès de Mlle Caron a été très vif : succès d'artiste et succès de femme.

M. Carré (Champanet) est un artiste de valeur, il a su obtenir des effets fort drôles, qui, de déductions en déductions, ont amené la salle à l'applaudir vivement.

M. Meillet (Carpiquel), le n° 3 dans la famille, celui dont l'amour sera toujours platonique, a beaucoup d'entrain dans son rôle, qui est un des plus importants de la pièce. Nous sommes heureux de constater que cet artiste a su lui donner son véritable caractère, sans tomber jamais dans l'exagération.

Les rôles secondaires sont très bien tenus par Mlles Paurelle (Elmire), Marie Luthès (Olympia), une délicieuse belle petite, Spinoy (Cécile), et MM. Galaberd (Grimoine), Howey (Ruy Gomar), un singulier Portugais !

(La Meuse.)

Tête de Linotte. Le joli titre et la jolie pièce ! C'est un vaudeville encore, un vaudeville sans couplets, le plus amusant vaudeville que Paris nous ait envoyé depuis longtemps.

Tête de Linotte est une pièce infiniment amusante et elle est jouée par la compagnie parisienne... j'allais dire dans la perfection. Il s'en faut de bien peu que le mot ne soit que juste.

Mlle Caron qui joue Céleste, la Tête de Linotte, est tout à fait charmante. Elle a de la verve, de la grâce et de la fantaisie, de la mesure et de la finesse. M. Carré, qui représente Champanet, est excellent, et M. Galaberd, qui fait Grimoine, est bien amusant, malgré un peu de lourdeur. M. Howey fait de dom Ruy Gomar un Portugais très original. Mlles Paurelle, Luthès et Spinoy complètent un ensemble excellent.

Le succès a été très grand. Il y avait longtemps que l'on n'eût ri de si bon cœur dans ce pauvre théâtre, qui fut tant éprouvé tout l'hiver.

(Journal de Liège.)

MAESTRICHT

Vendredi 6 avril 1883.

⁂

LOUVAIN

Mardi 10 avril 1883.

⁂

ANVERS

11 et 22 avril 1883.

⁂

GAND

12 et 23 avril 1883.

AMSTERDAM

13 et 20 avril 1883.

Les moulins de Zaandam.

℞

NIMÈGUE

Samedi 14 avril 1883.

℞

ARNHEIM

Lundi 16 avril 1883.

℞

LA HAYE

Mardi 17 avril 1883.

HARLEM

Mercredi 18 avril 1883.

❦

LEYDE

Jeudi 19 avril 1883.

❦

ROTTERDAM

Samedi 21 avril 1883.

Rotterdam

LILLE

Les 25, 27 et 28 avril 1883.

Tête de Linotte, comédie-vaudeville en trois actes, de MM. Barrière et Gondinet, a obtenu hier le plus vif succès. La pièce est très bien sue et jouée avec beaucoup de verve et d'entrain, par Mmes Caron, Paurelle, Marie Luthès, MM. Carré, Galaberd et Meillet.

(*Le Progrès du Nord.*)

Tête de Linotte, la spirituelle comédie de Barrière et Gondinet, a obtenu hier soir sur notre scène un très vif succès. C'est un imbroglio sans fin, dans le genre du *Procès Veauradieux*, tout semé d'amusantes saillies qui éclatent à chaque instant comme des fusées. Le second acte, l'acte de l'escalier, est absolument désopilant. La salle, mise en belle humeur dès le commencement du premier acte, a souligné de ses applaudissements plusieurs passages de la pièce, tout de circonstances.

L'interprétation est excellente ; nous signalerons tout spécialement MM. Carré (Champanet), Galaberd (Grimoine), Howey (Ruy Gomar) et Mlles Caron (Céleste) et Luthès (Olympia). Du reste, tous les artistes ont été chaleureusement applaudis et rappelés.

(*Echo du Nord.*)

Tête de Linotte a obtenu hier soir un succès de fou rire. La pièce, d'ailleurs, a de qui tenir ; elle a pour auteur Barrière, à l'esprit incisif, étincelant, Gondinet, à l'esprit aimable. Aussi c'est très bien réussi, et cependant nous serions très embarrassé de faire l'analyse de cette bouffonnerie en trois actes. Nous prenons le mot bouffonnerie dans la bonne acception ; car cela laisse bien loin le gros sel de l'opérette. Le premier acte fourmille de mots spirituels, le second acte a un escalier qui deviendra légendaire. Il facilite les situations les plus amusantes. Quant au troisième, c'est un dénouement qui n'est pas tout à fait banal, quoique Carpiquel épouse Céleste, comme cela doit être dans toutes les honnêtes comédies. Nos sincères compliments à Mlle Caron et à M. Carré ; ce sont deux véritables comédiens. MM. Galaberd et Meillet ont joué fort intelligemment leurs rôles, et E. Howey a fait de Ruy Gomar un Portugais désopilant.

Mmes Paurelle, Spinoy, Luthès et Meillet ont complété l'excellent ensemble qu'on a fort applaudi.

(*Le Petit Nord.*)

ROUBAIX

Jeudi 2 avril 1883.

🅑

SAINT-OMER

Dimanche 29 avril 1883.

🅡

DUNKERQUE

Lundi 30 avril 1883.

Le port.

CALAIS

Mardi 1er mai 1883.

BOULOGNE-SUR-MER

Mercredi 2 mai 1883.

Tête de Linotte a excité un rire homérique depuis le commencement de la pièce jusqu'à la fin. C'est un véritable feu d'artifice de bons mots, de quiproquos, de situations plus drolatiques les unes que les autres.

Le second acte est ahurissant. L'intrigue y est traitée avec une verve, une expérience et une légèreté de mains extraordinaire.

Il s'y trouve un escalier où se rencontrent fortuitement les sept ou huit personnages de la pièce, tous plus étonnés les uns que les autres de s'y voir. L'effet comique est irrésistible. La troupe est excellente, mais elle a des tendances à trop charger les rôles. Cependant on a bien ri.

(La Colonne.)

ABBEVILLE

Jeudi 3 mai 1883.

BEAUVAIS

Vendredi 4 mai 1883.

Nous avons rarement vu sur notre scène un succès d'artistes et de pièces aussi complet et aussi franc que celui qu'a obtenu avec *Tête de Linotte*, la compagnie parisienne.

Mlle L. Caron joue Tête de Linotte avec une verve endiablée, des gestes drôles et un entrain qui ne se dément pas depuis la première scène jusqu'à la dernière. On l'a applaudie, comme elle méritait de l'être, après chaque acte.

A côté de cette spirituelle et charmante artiste, nous avons remarqué et acclamé un acteur sûr de lui-même. M. Albert Carré est un « Champanet » d'un naturel parfait, très bien compris et qui a valu à son interprète un sympathique succès. Nous avons beaucoup remarqué aussi dans le jeune secrétaire « Carpiquel » un acteur très fin et très intelligent, qui anime ce rôle d'un cachet d'entrain tout à fait personnel. Nous voulons parler de M. Meillet. Nous joignons nos compliments sincères aux applaudissements unanimes qui l'ont aussi accueilli dans la *Cravate blanche*, un charmant acte en vers de Gondinet. Pour être juste, nous devrions citer tous les interprètes ; il nous reste donc à citer et à féliciter Mlle Marie Luthès, une jolie actrice et une comédienne excellente ; Mme Meillet, une petite modiste au charmant et fin minois, qui a eu sa part du succès ; Mlles Albret, Paurelle et M. Spinoy. MM. Galaberd, un type très drôle et très amusant de vieux libertin, et Howey, un Portugais bouillant et peut-être un peu exagéré, complètent une interprétation remarquable et dont les amateurs se souviendront, car elle nous a procuré la plus franche gaieté et la plus amusante soirée qu'il soit possible d'imaginer.

ROUEN

5, 6, 7, 8, 9 et 10 mai 1883.

Raconterons-nous la comédie de Barrière et Gondinet? Ce serait difficile et surtout très long; car il y a là dedans un fouillis de situations, un enchevêtrement de scènes très compréhensibles pour le

La vieille horloge.

spectateur, mais embarrassantes pour le chroniqueur. C'est l'odyssée d'une écervelée qui ne sait jamais ce qu'elle fait, ne se souvient d'aucune de ses promesses, donne plusieurs rendez-vous à la même heure... Et de l'esprit! il y en a à revendre, il court, il vole, papillonnant galement au milieu de l'action et ne laissant pas un instant de

6

répit au public... C'est très gai, très amusant, et le public d'hier soir
a fait fête à cette comédie-vaudeville bien menée et bien jouée.

Quelques-uns des artistes méritent une mention spéciale. M. Carré
est très fin dans sa placidité agaçante, et M. Galaberd possède une
nature joviale qui fait plaisir, encore qu'elle soit un peu provinciale.
M. Howey serait plus drôle s'il n'était pas atteint d'une aphonie
partielle, mais il a de l'aisance. M. Meillet a de la chaleur. Quant à
Mlle Caron, c'est elle qui supporte le poids de l'ouvrage, et elle s'en
tire, ma foi, avec beaucoup de verve et d'entrain. Elle a des airs
ahuris qui rendent parfaitement le caractère écervelé du personnage,
et son talent porte bien la marque parisienne, trop peut-être, et
parfois son étourderie prend une allure un peu cascadeuse. Il ne
faut cependant pas oublier que Mme Champanet est honnête.

Toutes ces petites restrictions se noient d'ailleurs dans l'ensemble,
et la pièce est enlevée de verve.

(Le Petit Rouennais.)

L'analyse détaillée de *Tête de Linotte* serait difficile à faire, car
l'intrigue est à chaque scène enveloppée de quiproquos burlesques
et de situations inattendues au milieu desquels on a parfois quelque
peine à se reconnaître.

La pièce est jouée avec beaucoup d'ensemble. Mlle Caron, une
écervelée bien amusante, mène gaiement l'action avec MM. Carré,
qui n'est pas inconnu à Rouen, Howey et Galaberd. Les autres rôles
sont aussi bien tenus. Le décor du second acte est fort original.
M. Champanet a remplacé les portes qui avaient tant servi à
M. Hennequin dans le *Procès Veauradieux* et les *Dominos roses*, par
un escalier qui lui a fourni l'occasion de scènes désopilantes.

C'est de la franche et spirituelle gaieté qui repose des grosses plaisanteries de l'opérette.

(Nouvelliste de Rouen.)

L'interprétation mérite qu'on s'y arrête. Elle est très homogène et
excellente dans son ensemble.

Mlle Caron (Céleste) mène la pièce avec une gaieté et un entrain
merveilleux. Le type composé par elle est bien moderne et bien
parisien.

M. Carré dit simplement et avec naturel. C'est un artiste de race
dont le succès a été des plus complets.

Il en est de même de M. Galaberd qui s'est montré plein de bonhomie et de rondeur.

L'interprétation est bien complétée par Mlles Paurelle, MM. Howey et Meillet.

Nous ne pouvons que regretter le départ précipité de cette excellente troupe.

(Chronique de Rouen.)

Le pièce est inénarrable; il est impossible de suivre les auteurs au milieu des imbroglios, des quiproquos, des complications de toutes sortes, qui, depuis le lever du rideau jusqu'à la fin du troisième acte, tiennent le spectateur continuellement en éveil.

Le succès de *Tête de Linotte* a donc été très vif hier et il ne peut manquer de s'accentuer encore aux représentations suivantes, car, devant ce résultat, M. Collin a traité pour quelques représentations.

Les artistes sont pour beaucoup dans la réussite d'une œuvre de ce genre, qui demande à être jouée avec une grande sûreté.

MM. Carré, Galaberd, Howey et Meillet, Mlles Caron, Paurelle, Meillet, Spinoy et Luthès possèdent parfaitement leurs rôles, qu'ils ont joués plus de cent trente fois depuis qu'ils promènent la pièce dans une tournée artistique en province, et l'interprétation est excellente.

(Journal de Rouen.)

DIEPPE

Dimanche 13 mai 1883.

ELBEUF

Lundi 14 mai 1883.

ÉVREUX

Mardi 15 mai 1883.

PARIS

Mercredi 16 mai 1883.

Et quand Tête de Linotte revint à Paris, elle avait parcouru *12,188 kilomètres.*

www.ingramcontent.com/pod-product-compliance
Lightning Source LLC
Chambersburg PA
CBHW060632100426
42744CB00008B/1601